パウロ

十字架の使徒

青野太潮
Tashio Aono

岩波新書
1635

まえがき

使徒とは「遣わされた者」、すなわち、神に遣わされてイエス・キリストの福音を宣教する者、最初期キリスト教会において最重要の職務を賦与された者であった。その定義については議論のあるところだが、典型的にはいわゆる「十二使徒」、イエスがとくに選んだとされる、ペトロをはじめとする十二人の直弟子たちを指す。

ただし、パウロはその「十二使徒」のなかには入っていない。なぜなら、彼は生前のイエスに出会ってはいないからである。しかし、回心後のパウロは、使徒としての自意識を強く持って、イエス・キリストの福音を宣教し続けた。東地中海地域において三度にわたる大伝道旅行を行ない、総距離およそ二万キロとも言われる驚異的な道のりを踏破しつつ、各地に教会共同体を設立して、異邦人たちとともに生きようとした。もしもパウロがいなかったら、今日のようにキリスト教が世界宗教として発展することは決してなかったはずである。

現代に生きる私たちにとって、そうしたパウロの生涯をたどる意味と意義とは何であろうか。本書は、それを探る小さな試みである。パウロが旅の途上で綴った手紙は、「パウロの手紙」として新約聖書に収められている。二千年の時を隔てて読む今日の私たちには、それは難解かつ不可解な部分を少なからず含んでいる。しかし、その使信を深く受け止める者は、そこに時を超えた普遍的なメッセージが込められていることに気づくであろう。

イエスの死をどのように受け止めるか。パウロは終始、イエスの死の具体的なかたちとしての「十字架」にこだわり続けた。そして、その「十字架」との格闘をとおして、パウロは彼独自の思想体系を築き上げていった。本書では、パウロという人物を「十字架の使徒」として位置づけ、その生涯の軌跡と思想の展開をたどっていきたいと思う。

自らの力に依り頼む「強い」生き方ではなく、イエスとともに、そしてこの世の苦難を強いられている人々とともに、「十字架」を担い続ける「弱い」生き方を選び取っていくこと。そこにこそ、真の「強さ」が、そして「救い」が逆説的に存在する、とパウロは言う。「強さ」への志向が増しつつある今日、パウロは、またパウロが依拠するイエスは、このような逆説的な生き方の重要性をしっかりと認識するように、と私たちに訴えかけている。

目次

本書における聖書の引用は、とくに断りがないかぎり、すべて岩波書店刊行の『旧約聖書』(全四巻。旧約聖書翻訳委員会訳、二〇〇四/〇五年)と『新約聖書』(全一巻。新約聖書翻訳委員会訳、二〇〇四年)からなされている。ただし、筆者訳の「パウロ書簡」も含めて、文脈上、若干の変更を加えている部分があることをお断りしておく。岩波訳聖書における[ ]は、底本としての原典校訂本において、その大括弧で囲まれた部分が、元来の本文であるか否かの判断が保留されていることを示している。〔 〕は、その亀甲括弧で囲まれた部分が、翻訳者が邦訳上必要と考えた挿入部分であることを示している。両者の性格は大いに異なっているので、その違いに留意されたい。

地図・図版製作＝鳥元真生

第1章　パウロの生涯

生い立ち

パウロは自らの出自について、このように語っている。

（私は）八日目に割礼を受けた者、イスラエル民族、とくにベニヤミン族出身の者、ヘブライ人の中のヘブライ人、律法の点からすればファリサイ人、熱心さの点からすれば教会を迫害した者、律法による義の点からすれば責められるところのない者……。（フィリピ人への手紙3章5―6節）

「ヘブライ人の中のヘブライ人」とは言うものの、イスラエル生まれの生粋のユダヤ人であったわけではない。パウロは、ディアスポラ（離散）のユダヤ人であった。〈使徒行伝〉の記すところでは、彼は小アジア（現在のトルコ）南東部の地中海沿岸地帯であるローマの属州キリキアの首都タルソスで生まれたという(9章11節ほか)。

ただし、いつ生まれたのかについて正確なことはわからない。彼が書いた〈フィレモンへの手紙〉のなかでは、自分のことを「老人」と呼んでいる。手紙が書かれたのは紀元後五四―五五年頃。当時の「老人」とは、一般的には五〇歳以上の年齢の人を指した。そのことから、パウロはおそらく紀元後四―五年前後の生まれではないかと考えられる。もし正しければ、イエスよりも一〇歳ほど年下ということになる。

生まれ故郷のタルソスの町は、ギリシア人の地理学者ストラボーンによると、「人々が哲学および教養一般に向けている熱心さは大変なもので、アテネやアレクサンドリアすら凌駕するほど」であったという。タルソスは、ローマ皇帝アウグストゥスによってローマ市民権都市とされ、住民にはローマ市民権が与えられていた。〈使徒行伝〉によれば、パウロもまた「生まれながらのローマ市民」と自称できたという(22章28節)。パウロ自身は何も語っていないが、生涯の最後にエルサレムで逮捕されたとき皇帝に直訴したということからして、彼がローマの市民権を持っていたことに疑いはない。

厳格なユダヤ人家庭に生まれたにもかかわらず、パウロはヘレニズム文化の影響を受けて成長した。当時のユダヤ人としては一般的なことではあるが、彼は生まれながらにして二つの名前を持っていた。ひとつはユダヤ名のサウロス（正確にはシャウール）、もうひとつはギリシア名のパウロスである。彼は流暢なギリシア語を話し、また書くこともできた。もっとも、彼の手紙のなかにヘレニズムの文化や哲学、文学などの影響はほとんど見られない。ヘレニズム文化の素養という点では、タルソス人としてごく一般的なレベルであった。

しかし、パウロはイスラエルの伝統に対しては意識的に忠実であろうとした。ディアスポラのユダヤ人であっただけに、より一層、忠実たらんとしたのだろうと考えられる。自らを「律法の点からすればファリサイ人」と語っていることはそれを示唆する。ファリサイ人とは、伝統的なモーセ律法と、その新しい生活形態への適用としての口伝伝承とを、実際の生活において厳格に守ろうとしたユダヤ教内の一グループ「ファリサイ派」に属する者たちのことである。ただし、その組織の形態や実態についてはよくわかっていない。

謎の青年時代

パウロが青年時代にエルサレムにいたかどうかは確かではない。パウロの青年時代について伝えているのは〈使徒行伝〉だが、その記述の歴史的信憑性には大きな問題があるからである。

〈使徒行伝〉は、最初期のキリスト教会を指導したイエスの直弟子(使徒)たちの活動を記した文書である。パウロは実際にはイエスの直弟子ではないが、これに列せられる位置づけで事跡が記されており、後半部は「パウロ行伝」と言っても過言ではないほどにパウロ中心の記述となっている。〈使徒行伝〉には、パウロ自身の口を借りたかたちで、青年時代について次のような記述がある。

> 私はキリキアのタルソスで生まれたユダヤ人だが、この都(エルサレム)で育ち、ガマリエルの膝下で先祖の律法について厳格な教育を受けた。みなさんと同じように、熱心に神に仕えていた。私はこの道(キリスト教徒)を迫害し、男女を問わず縛り上げて獄に投じ、殺すことさえした。(使徒行伝22章3—4節)

ここでガマリエルとは、紀元後二〇—五〇年頃に活躍した著名な律法学者、ユダヤ教のラビである。ところが、パウロ自身の手紙にはガマリエルについての言及は一切ない。のちにパウロはユダヤ主義的なキリスト教徒たちと信仰の問題をめぐって激しく論争するが、もしもパウロが本当にガマリエルの直弟子であったならば、そのことについて手紙でひと言もふれないのは不自然である。また同様に、〈使徒行伝〉はパウロにこのようにも述べさせている。

同胞の間やエルサレムではじめから過ごした若い頃の私の生活については、すべてのユダヤ人が知っているところである。（使徒行伝26章4節）

相手がキリスト教徒ならば「男女を問わず、縛り上げて獄に投じ、殺すことさえした」過激なユダヤ教徒として自分は広く名が知られていた、と言っているわけである。ところが、パウロ自身は〈ガラテヤ人への手紙〉のなかで、「ユダヤの諸教会には私は顔を知られていないままであった」と、まるで正反対のことを記している（1章22節）。したがって、パウロの証言を信じるならば、彼が若い時期にエルサレムでユダヤ教の律法について深く学んでいたとは考えにくい。

このように、パウロの青年時代については不明な部分が少なくない。〈使徒行伝〉を書いたのが〈ルカによる福音書〉の著者であるルカだということは、両者の序文からして疑う余地はない。第3章でもふれるように、ルカによる記述は随所にドラマティックな物語的脚色が施されているために、歴史的な資料として参照する際には注意が必要である。キリスト教はすべてエルサレムから発してローマへと直線的に展開されていく。ルカはそのような救済理解を持っている。ゆえに、〈使徒行伝〉の証言は、若き日のパウロをエルサレムに直接結びつけたいルカの「理念」に留意して読まなくてはならないのである。

迫害者

とはいえ、パウロがユダヤ教の律法遵守に熱心なファリサイ人であったことは間違いない。そんなパウロにとって、突如として眼前に現われたキリスト教徒たちは、非常に目障りな存在であったと考えられる。キリスト教徒たちは、ナザレのイエスこそ「メシア」(救い主)なのだと主張し、イエスは無条件で徹底的な神のゆるしを宣言したと語っていたからである(マルコによる福音書3章28節、マタイによる福音書5章45節など)。これは、神の戒め、つまりモーセの「十戒」に代表される律法を遵守する者のみが救われるという、ユダヤ教の教えとは明確に対立するものであった。

キリストは「律法の終わり」となった。それがキリスト教徒たちの主張であった。ユダヤ教の律法はキリストの出現によってすでに凌駕されている。したがって、その福音はユダヤ人の枠を越えて異邦人にまでも及ぶべきなのだ。こうしたキリスト教徒たちの主張は、律法の遵守を厳しく実践してきたパウロには、到底受け入れることのできないものであった。

もっとも、まだ成立直後のキリスト教が、そうした主張で一つにまとまっていたわけでない。むしろそのような主張は、最初期のキリスト教のなかでは非主流派であった。やや話がそれるが、ここからは少し、最初期のキリスト教がどのようにして成立していったのかについて述べておこう。その成立の鍵となるのは、「復活者」イエスとの出会いを直弟子たちはどのように受けとめたかである。

復活のイエス

イエスが十字架刑によって殺されたのは、紀元後三〇年と推定してほぼ間違いない。それは同年のユダヤ歴のニサンの月の一四日、太陽暦に従えば、四月七日の金曜日のことであった。マルコおよびマタイの二つの福音書によるとペトロを筆頭とするイエスの直弟子たちの集団は、イエスを見捨ててその場から逃げ去った、と記されている(マルコによる福音書14章50節、マタイによる福音書26章58節)。弟子たちは、おそらく郷里のガリラヤへ帰ってしまったのだと思われる。

ゴルゴタ．アラム語グルグールター(されこうべ)がギリシア語に転写されたもの．イエスの十字架刑が執行された場所と伝えられる．エルサレムの城壁の外にあり，「髑髏」(どくろ．ラテン語でカルバリア)と呼ばれて人々に恐れられていた．パウロはイエスの殺害を目撃していない．Dmitri Kessel/Getty Images.

そのまま郷里に閉じこもっていれば、今日のキリスト教はおそらく存在しなかったであろう。ではなぜ、一度は郷里に逃げ帰った直弟子たちは、再びエルサレムに戻り、キリストの福音を力強く宣教しはじめることができたのか。それは、殺害されたはずのイエスが、「復活」して彼らの目の前に顕現したからである。あるいはそのような出来事が、少なくとも彼らの意識のなかにおいて生起したからである。

新約聖書に収録されている四つの福音書のなかで最も早い時期に、おそらく紀元後七〇年頃に書かれた〈マルコによる福音書〉は、直弟子たちはガリラヤで「復活者」イエスと邂逅するであろうと天使の口を借りて語らせている（16章7節）。マルコは「復活者」イエスを最後まで登場させないまま、やがて起こることになるガリラヤでのイエスと弟子たちとの邂逅を示唆して終わる。大きな緊張をはらんだまま唐突に「物語」を終わらせることによって、読者に対して自らが記した福音書の再読を期待しているのである（16章8節）。これは現代のテレビドラマの趣向とよく似ている。謎めいた終わり方で読者の好奇心をかき立てているわけである。

一方、マタイとルカによる二つの福音書は、「復活者」イエスとの邂逅がまずガリラヤで起こったとは言っていない。マタイとルカはおそらく、紀元後九〇年頃、〈マルコによる福音書〉を下敷きにしつつ、イエスの語録資料（これは〈Q資料〉と呼ばれる）や自分だけの特殊資料も参照しながら、それぞれ独自の福音書を書いた。とくに〈ルカによる福音書〉では、直弟

ガリラヤ湖．イエスはこの湖付近を中心に宣教活動を行なったと伝えられる．直弟子たちが「復活」したイエスと邂逅した場所も，この湖付近と考えられる．写真提供：佐藤研氏．

子たちがガリラヤに帰ってしまったことにはまったくふれられず、「復活者」イエスもエルサレムで顕現したとする点で、〈マルコによる福音書〉とは異なる記述になっている。

すでに述べたように、ルカという人は、キリスト教はすべてエルサレムから発するという考え方を持っている。したがって、〈ルカによる福音書〉では、直弟子たちはイエスの死後もエルサレムから一歩たりとも動かず、その地でイエスの「復活」を見たことになっている。

ガリラヤか、エルサレムか

では、「復活者」イエスはどこで現われた

のか。ガリラヤか、それともエルサレムか。最初期のエルサレム教会による「ケーリュグマ」と呼ばれるものがある。「宣教されたもの」を意味するギリシア語で、日本語では「信仰告白定型」と呼ばれる。パウロの〈コリント人への第一の手紙〉で引用されたことから現代に伝わっているが、そのなかにも「復活者」イエスと弟子たちとの邂逅についての言及がある(15章3—7節)。

イエスはまず、ケファ(ペトロのアラム名)に現われ、次に「十二人」の弟子たちに、次いで「五百人以上の兄弟たち」に、さらに「ヤコブ」(イエスの実弟)に、そして「すべての使徒たち」に現われたとされる。最後に、「未熟児」のごときパウロ自身にもまたイエスは現われたと書き添えられている(15章8節)。

ケーリュグマで「十二人」となっている弟子たちの人数は、本来ならばイエスを裏切ったユダを除く「十一人」であったはずである。そうした事情が一切考慮されていないことは、このケーリュグマがイエスの死後かなり早い時期に成立したことを示唆する。ただし、ペトロだけでなくヤコブとの邂逅もとくに併記されていることは、エルサレム教会の指導権がすでに初代のペトロからイエスの実弟ヤコブに移ったか、あるいはヤコブに移りつつあったことをうかがわせる。したがって、このケーリュグマは、エルサレム教会の設立直後ではなく、教会設立後しばらく経ってから、おそらくヤコブに指導権が移ったのちに成立したものと考えられる。

不思議なのは、そのヤコブがイエスのエルサレム上京の際に同行していたという記述が、新約聖書のなかに見当たらないことである。おそらくヤコブは、エルサレムには赴かず、ガリラヤに留まっていたのであろう。それゆえに、ヤコブがイエス殺害後のエルサレムで「復活者」イエスの顕現を見たとは考えにくい。このことからも、「復活者」イエスとの邂逅がエルサレムで起こったわけではないことが推測される。むしろガリラヤで「復活者」イエスと邂逅した直弟子たちは、強い使命感を与えられて再びエルサレムに取って返し、エルサレム教会を設立したのち、ケーリュグマのなかに「復活者」イエスとの邂逅を盛り込んだと考えるのが自然であろう。

以上のように、「復活者」イエスとのガリラヤでの邂逅が、エルサレム教会の設立には決定的に重要な出来事であった。しかし、指導者となった実弟ヤコブが、イエスを「キリスト」と信じてキリスト教団に加わったという事実は矛盾をはらんでいた。なぜなら、ヤコブは、実兄イエスの、「神」についてのラディカルで普遍的な理解が終生わからず、それとはまったく正反対の、原理主義的でユダヤ主義的な信仰者に留まったからである。しかも、そうしたヤコブのユダヤ主義的なキリスト信仰が、初期のエルサレム教会では主流派を形成していた。そして、割礼(生まれて八日目の男児の陰茎包皮の先端を切断する儀式)をはじめとするユダヤの律法を守ることで初めてキリスト教徒になれるというヤコブたち主流派の考え方が、のちにパウロと厳しく対立することになるのである。

回　心

エルサレムで成立したキリスト教は、その後の資料から判断できるように、イエスのラディカルで普遍的な教えにもかかわらず、依然としてユダヤ教の枠内に留まっていた。ナザレのイエスを「キリストである」と告白はするものの、割礼の執行命令を含む律法は遵守されなくてはならないと強調していた。最初期のキリスト教徒たちの多くは、宣教の対象をもっぱらユダヤ人に限定する「ヘブライスト」(ユダヤ主義者)だったのである。

もしもキリスト教徒のすべてがヘブライストであったなら、ユダヤ教徒時代のパウロが激しい迫害者となることは決してなかったであろう。律法遵守を信条とする点において、パウロもヘブライストたちも何ら違いはなかったからである。しかし、エルサレム教会のなかには、ユダヤの枠を越えて異邦人のもとにまで赴いて宣教すべきだ、と強く主張する人々もいた。律法からの自由を説き、エルサレムにおける神殿礼拝を厳しく批判した「ヘレニスト」と呼ばれるギリシア語を話すユダヤ人たちである。その代表格が、石打ちの刑（リンチ？）に遭って殉教の死を遂げたステファノであった。パウロが迫害したのは、そうしたヘレニストたちだった。ところがパウロは、まさに「ミイラ取りがミイラになる」ようにして、そのヘレニストたちの考え方へと回心したのである。

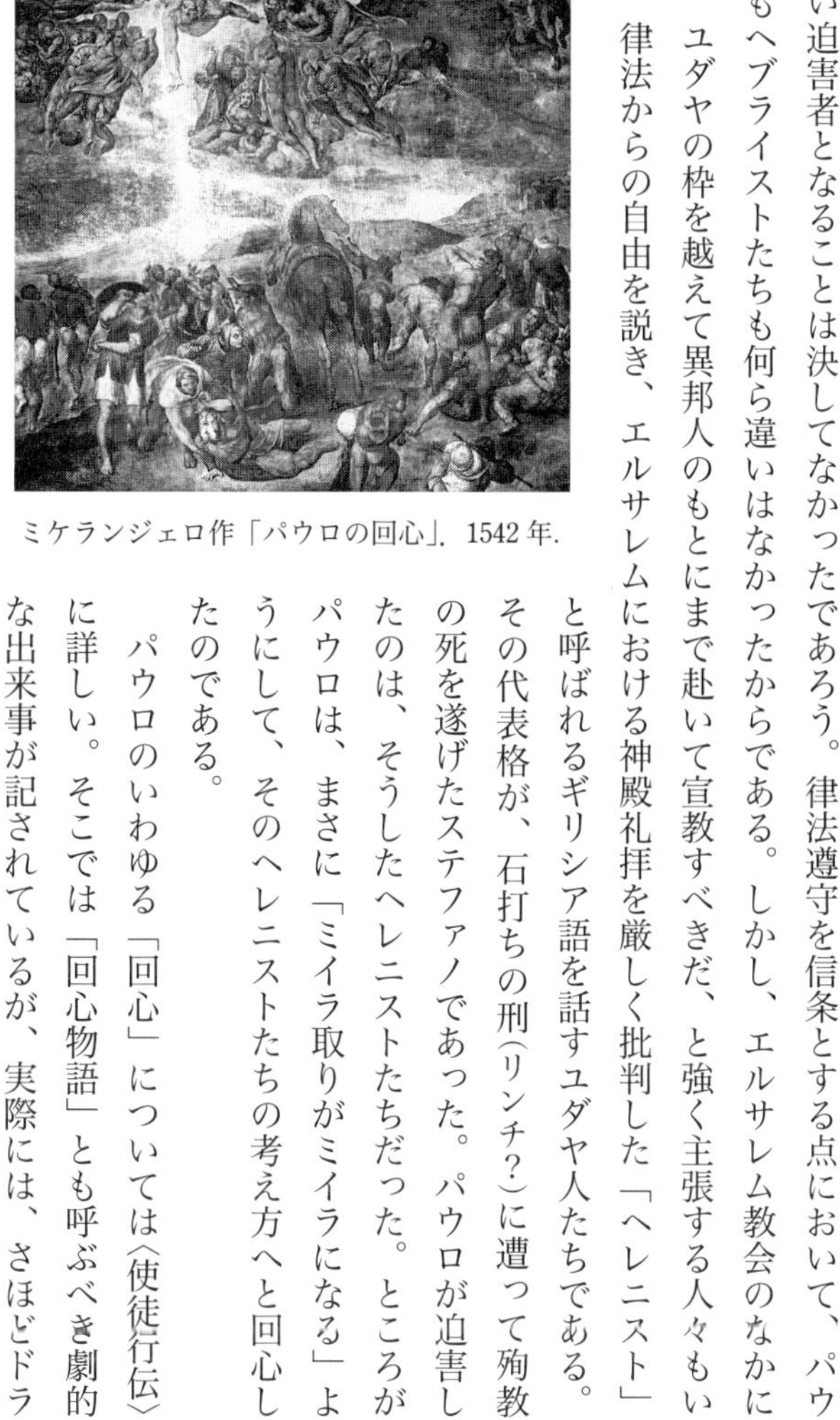

ミケランジェロ作「パウロの回心」. 1542 年.

パウロのいわゆる「回心」については〈使徒行伝〉に詳しい。そこでは「回心物語」とも呼ぶべき劇的な出来事が記されているが、実際には、さほどドラマティックなものではなかったらしい。ダマスコス(現在のシリアのダマスカス)近郊で起こったことは確かのようだが、パウロ自身は〈ガラテヤ人への手紙〉のなかでごく簡潔に、言葉少なく語るのみである(1章16節)。詳しくは第3章で述べるように、それは奇跡とは無縁の、パウロ自身の心のなかで起こったごく内的な体験であった。

ここで見過ごしてならないことは、この「回心」という体験は、いわゆる「改宗」ではなかったことである。パウロは、ユダヤ教と同一の神について、以前とは別様の捉え方をするに至っただけであった。それは「回心」というよりむしろ、ユダヤ人以外の異邦人へとイエスの福音を宣べ伝える決断を彼にもたらした、「召命」ともいうべき出来事であった。パウロの極端な寡黙は、まさにそのためであると理解できるだろう。

アラビアでの宣教

回心直後のパウロの行動についての一次資料は、彼が手紙のなかで自らの回心について記している箇所である。パウロはこう書いている。

私が神の御子を異邦人たちのうちに〔救い主として〕告げ知らせるために、〔神が〕御子を私のうちに啓示することをよしとされた時、私はただちに血肉（親族）に相談することはせず、またエルサレムにのぼって私よりも前に使徒〔となった人〕たちのもとへ〔赴くことも〕せず、むしろアラビアに出て行き、そして再びダマスコスに戻った。（ガラテヤ人への手紙1章16―17節）

パウロはここで、エルサレムの使徒たち（イエスの直弟子たち）とは一線を画し、むしろ独立した行動を取ったことを強調している。異邦人への宣教のためにアラビアへ赴いたのである。パウロの言う「アラビア」とは、アレタス四世が統治する首都をペトラにおくナバテア王国（現在のヨルダン西部とほぼ重なるヨルダン川および死海の南東側一帯）を指す。どれほどの期間にわたり滞在していたかは不明だが、パウロは回心直後の時点ですでに、ユダヤの律法からの自由を唱えるヘレニストの立場で宣教を始めていたようである。

ナバテア王国では当時、南のアカバ湾から首都ペトラを経て地中海へと至る南北の隊商路が通じていた。その隊商路上の貿易中継の要衝が、回心の地ダマスコスである。パウロはのちに次のように語っているが、ダマスコスでもかなり積極的な活動を展開していたらしい。

ダマスコスにおいて、アレタス王の代官が、私を捕らえるためにダマスコス人たちの町を監視したことがあったが、その時私は、窓から組縄の籠で城壁づたいに吊り降ろされて、彼の手を逃れたのであった。(コリント人への第二の手紙11章32—33節)

おそらく、アレタス王の勢力は何らかのかたちでダマスコスにまで及んでいたのだろう。そのアレタス王を怒らせたというのだから、アラビア=ナバテア王国において、ナバテア人たちも強く反発せざるをえないような宣教活動をパウロが行なっていたのは、ほぼ確実と考えられる。

〈使徒行伝〉も同様の出来事に言及しているが(9章23—25節)、「籠に入れて城壁伝いに吊り降ろされた」というような印象的な描写を共有するほどに、パウロの手紙内容と〈使徒行伝〉が類似している例は、この箇所以外にはない。これは極めて注目すべきエピソードである。ただ、〈使徒行伝〉ではパウロの敵対者はナバテア人ではなくユダヤ人であった、とされている。ユダヤとナバテア王国との関係はかなり密接であったので、パウロの宣教活動はまずはユダヤ人を刺激し、のちにそれがナバテア王国内でも政治的な問題に発展したということであろうか。

それはちょうど、イエスの活動がユダヤの指導者たちを刺激したがゆえに、ローマの権力者も看過できない治安上の問題に発展したことと似ている。あるいは、状況は少し異なるが、キリスト者としての活動がやはりユダヤ人を刺激したがゆえに、パウロはのちにエルリレムで捕らえられローマに送られたことと類比的である。

エルサレムへの上京

話が少し脇道にそれるが、ここでパウロの事跡をたどるための重要な事柄について簡単に述べておこう。それは「年代」である。

二〇世紀の初め、ローマ皇帝クラウディウスの勅令が刻まれた九つの石灰岩破片が発見された。出土場所はアテネの北西約一二〇キロ、パルナッソス山の麓にあるデルフォイの古代遺跡である。出土したギリシア語の碑文は「ガリオ碑文」と呼ばれる。ガリオとは、ローマ

ガリオ碑文．傍線部にギリシア語大文字のΓΑΛΛΙΩΝが読み取れる．©Andy Montgomery

の属州アカイアの首都コリントに派遣されていたプロコンスル（総督）で、哲学者セネカの兄としても知られる人物の名前である。

復元された碑文を通して、ガリオの在任期間が紀元後五一年から翌五二年にかけてであったことが判明している。プロコンスルの任期は通常一年。冬の地中海での航海は危険なため、プロコンスルの着任は通常、海の穏やかな五月頃であったという。つまり、ガリオがプロコンスルとしてコリントに滞在したのは、五一年五月から五二年五月までということになる。意外なことに、この在任期間の年代がパウロの事跡をたどる際の重要な手がかりを与えてくれるのである。

パウロの手紙や〈使徒行伝〉は歴史書ではないので、そこに書かれていることが年代的にいつなのかを知るのは困難である。そもそも「西暦」という概念がまだ存在していない。ガリオ碑文が重要なのは、パウロの事跡に「年代」という指標を与えられるためである。〈使徒行伝〉によれば、パウロはコリントに滞在中、ある騒動に巻き込まれ、ガリオの法廷に引き出されたことがあった（18章12―17節）。この出来事から、パウロの生涯の時間的な起点が確定する。つまり、回心をはじめ、生涯のさまざまな出来事の年代は、パウロがガリオの法廷に引き出された紀元後五一年五月から翌五二年五月の間を起点として、前方に遡るか、あるいは後方に下るかで推定できるのである。幾ばくかの誤差を含むものの、パウロの回心は紀元後三三年頃（イエスの十字架刑から約三年後）、以下にふれる使徒会議は紀元後四八年頃と推定される。ガリオの在任期間は、このようにパウロの事跡の年代を推定する起点となることから、「絶対年代」と呼ばれている。

さて〈ガラテヤ人への手紙〉のなかでパウロは、アラビア滞在からダマスコスに戻って「三年（足掛け）後」にエルサレムに上京したことを伝えている（1章18節以下）。そのときのエルサレム訪問は回心後最初の上京だったと記されていることから、通常「回心から三年後」のことと理解されている。すなわち、キリスト者となってから後のパウロの初めてのエルサレム訪問は、「絶対年代」から逆算して紀元後三六年頃と考えられる。

このときパウロは、ペトロのもとに一五日間滞在した。その際、パウロはペトロとイエスの実弟ヤコブを除いて、他のイエスの直弟子たちとは会わなかったという(18―19節)。微妙な言い回しであるが、パウロはここで、自分は決してエルサレム教会の影響下にないことを伝えようとしている。〈使徒行伝〉は、滞在がもっと長期にわたったような印象を与えているが(9章26節以下)、実際はパウロ自身の報告のほうが信憑性は高いであろう。パウロは早々にエルサレムを立ち去ったのだと思われる。

パウロはこのエルサレム訪問の際に、キリスト者としては先輩のペトロやヤコブから、さきにふれた〈コリント人への第一の手紙〉15章3節以下のケーリュグマを受容したのではないかと思われる。そのケーリュグマのなかには、イエスはみずから犠牲の死を遂げることによって人間の罪を贖(あがな)ったのだという、いわゆるユダヤ的な「贖罪論」も見出される(3節b。贖罪論については第3章で詳しく述べる)。ヘレニストとして回心したパウロであれば、律法を重んじるユダヤ的な背景を持つ贖罪論には容易に同意できなかったはずだと考えられる。しかし、第3章で述べるように、パウロは必ずしもユダヤ的な贖罪論を全否定したわけではなかった。むしろ、パウロはそのようなユダヤ的な贖罪論を超えるかたちで、「十字架の逆説」

という彼独自の理解に基づいてケーリュグマを受容したことに注意すべきであろう。

〈使徒行伝〉によれば、パウロはエルサレムでユダヤ人たちに殺されそうになったために、いったんエルサレムを去り、郷里のタルソスに帰った。その後、エルサレム教会から派遣されてアンティオキア（ローマの属州シリアの首都）で働いていたバルナバによって、パウロはタルソスからアンティオキアに連れ戻され、一年間、そこで宣教と教会設立のために活動した。そして、バルナバと二人で大飢饉の援助物資を届けるため、再びエルサレムに上京した、とされる（11章23—30節、12章25節）。

しかし、〈ガラテヤ人への手紙〉によれば、この間のパウロの動向はかなり異なる。パウロが再びエルサレムを訪れたのは、最初の訪問から一四年（足掛け）が経過して後のことであったという（1章21節—2章1節）。実際、パウロの再度のエルサレム訪問は、次に述べる「使徒会議」に出席するためで、紀元後四八年頃であったことは間違いない。〈使徒行伝〉の記述には時間的な混乱があるとみなしてよいだろう。アンティオキアがその後のパウロにとって重要な活動拠点となったことから見ると、そこでの滞在がわずか一年余りであったとは考えにくい。一〇年以上にわたる異邦人への宣教活動を経て、パウロはアンティオキアに確固とした地盤を築き上げ、その代表者として使徒会議に臨んだと考えるほうが自然であろう。

使徒会議

パウロが再びエルサレムに上京したのは、使徒会議に出席するためであった。当時、律法遵守を強く主張するヘブライストたちは、パウロをはじめとするヘレニストたちによる異邦人への宣教を激しく論難し、両者の対立は抜き差しならないものに発展していた。そこで双方の代表者が集まって協議するために、エルサレムにおいて会議が招集された。それが、使徒会議である。パウロはアンティオキア教会の代表として、実質的にはヘレニストの代表として会議に参加した。パウロたちによる異邦人への宣教は、ヘブライストが無視できないほどの成果を上げ、各地に勢力を拡大していたのである。

パウロの報告によれば、この会議によって双方で次のような合意がなされた。

実際、かの重んじられている人たちは、この私には何も付け加えることをしなかった。むしろ正反対に彼らは、ペトロが割礼の〔者たちへの〕福音を委ねられているように、私は無割礼の〔者たちへの〕福音を委ねられていることを認め……、そしてさらに私に与えられた恵みを知るに及んで、ヤコブとケファとヨハネ、すなわち柱として重んじられている人たちは、私とバルナバとに交わりの右手を差し延べたのである。それは、私たちは異邦人たち〔のところ〕へと〔行き〕、彼らは割礼〔の者たちのところ〕へと〔行く〕ためであった〕。（ガラテヤ人への手紙2章6—9節）

つまり、パウロら異邦人への宣教を主張するヘレニストと、ユダヤ人への宣教を主張するヘブライストとの間で、相互の方針を尊重する合意に至ったわけである。ところが、〈使徒行伝〉は、この間の事情について微妙に異なる記述を挿入している。ヤコブの言葉として、エルサレム教会の考え方が次のように語られているのである。

私（ヤコブ）はこう判断します。異邦人の中から神に立ち帰る人々を悩ませてはならない。ただ、偶像に供えた穢れたものと、不品行と、絞め殺したものと、血とを避けるようにと、彼らに手紙を書くべきです。昔からどの町でもモーセの律法を告げ知らせる人々が

いて、安息日ごとに会堂で読まれているからです。(使徒行伝15章19―21節)

こうしたユダヤ主義的な考え方を、パウロは到底承認できなかったであろう。双方の協調を演出する著者ルカによる創作か、あるいは会議後にパウロの与り知らぬところで追加されたエルサレム教会の判断なのか、そのいずれかと考えられる。この間の事情について、パウロは手紙のなかで何も言及していない。ただ、さきほどのパウロ自身の報告では、最後に「ただし書き」の約束として、次のように記されている。

ただ貧しい人たちのことを私たちが覚えておくように〔とのことであったが〕、まさにそのことの履行を、私たちは熱心に努めたのである。(ガラテヤ人への手紙2章10節)

遠回しな表現だが、これはヤコブらがエルサレム教会への献金をパウロらに約束させたことを指している。パウロはその後、この約束に基づく献金集めに全力を尽くすが、そのために、献金をかすめ取っているなどというような、多くの謂れなき中傷を受けることになる。

また、後述するように、その献金を届けるためにエルサレムに上京した際、彼はユダヤ人たちによって捕らえられてしまう。ユダヤ教徒時代のかつてのパウロのように、ヘレニストのキリスト教徒を憎悪するユダヤ人たちが依然として多く存在したのである。パウロはこの逮捕をきっかけに最期を迎えることになるので、結果的にはこの献金集めという連帯のわざが、彼の命取りになったことになる。

伝道の旅へ

使徒会議における合意にもかかわらず、それが十分に守られずに、パウロとエルサレム教会との間に深い溝をつくった事件も起こる。いわゆるアンティオキアの衝突事件である。おそらくエルサレムを離れることはまったくなかったイエスの実弟ヤコブとは異なり、初代の指導者であるペトロは、みずから異邦人のもとにまで赴いて宣教をするような、比較的に自由な人であった。

そのペトロが、使徒会議後、パウロらのいるシリアのアンティオキアを訪れたが、事件はそこで起こった。ペトロは当地の異邦人を含む信徒たちとともに食事をとっていた。ユダヤの律法によれば、異邦人と食事の席を共にすることは厳に禁じられている。しかし、ペトロはアンティオキア教会を訪れて以来、キリスト者となった異邦人たち、すなわち割礼を受けていないキリスト教徒たちとともに食事をとっていたのである。ヘブライストの行動としては、これは極めて異例である。

ところがそこへ、エルサレムから幾人かのヘブライストたちがやってきた。そこでペトロは、彼らの手前、異邦人キリスト者とともに食事をすることをやめてしまう。そして、パウロの同労者バルナバまでもが、同じ行動をとってしまう。パウロは、こうしたペトロたちの見せかけの行動を〈ガラテヤ人への手紙〉のなかで激しく批判している（2章11―14節）。

この事件がパウロにいかなる心理的変化をもたらしたのかは不明である。パウロはその後ほどなくして、大規模な宣教の旅へと出発した。いわゆる、パウロの伝道旅行である。しかし、「旅行」と呼ぶには、それはあまりに過酷な旅であった。移動距離の長さもさることながら、パウロが旅の先々で受けた苦難と困難は、「旅行」という言葉から受ける長閑な印象からはおよそほど遠いものである。

さて、アンティオキア事件の後になされたパウロの宣教の旅は、通常、「第二回伝道旅行」

と呼ばれる。注意深い読者はここで、「では、第一回はどうしたのだ?」と疑問に思うだろう。〈使徒行伝〉は、パウロの伝道旅行の旅程に関しては、全体として比較的正確な情報を提供しているとみなされる。ただし、「第一回伝道旅行」についての記述(13章—14章)には、時間的な意味でも内容的な意味でも混乱が見られる。

〈使徒行伝〉は、パウロがアンティオキアを出発し、キュプロス島を経てペルゲに上陸して北上し、アナトリア高原にあるピシディア地方へ至った、と記している。ところが、パウロ自身は彼の手紙のなかで、この旅程については何も言及していない。また、〈使徒行伝〉が記すその旅程は、パウロが〈ガラテヤ人への手紙〉でエルサレムへの一回目の上京と二回目の上京との間の活動として語っている「シリア地方とキリキア地方」への旅行(1章21節)とも内容的に一致しない。

それゆえに、「第一回伝道旅行」は〈使徒行伝〉の記述とは異なり、以後の旅行と比べると小規模で、時期としては使徒会議の後、ただしアンティオキア事件より前に行なわれたのではないか、と多くの研究者によって考えられている。本書もその立場を採る。

話を「第二回伝道旅行」に戻そう。この旅は、パウロが小アジア、マケドニア、ギリシア

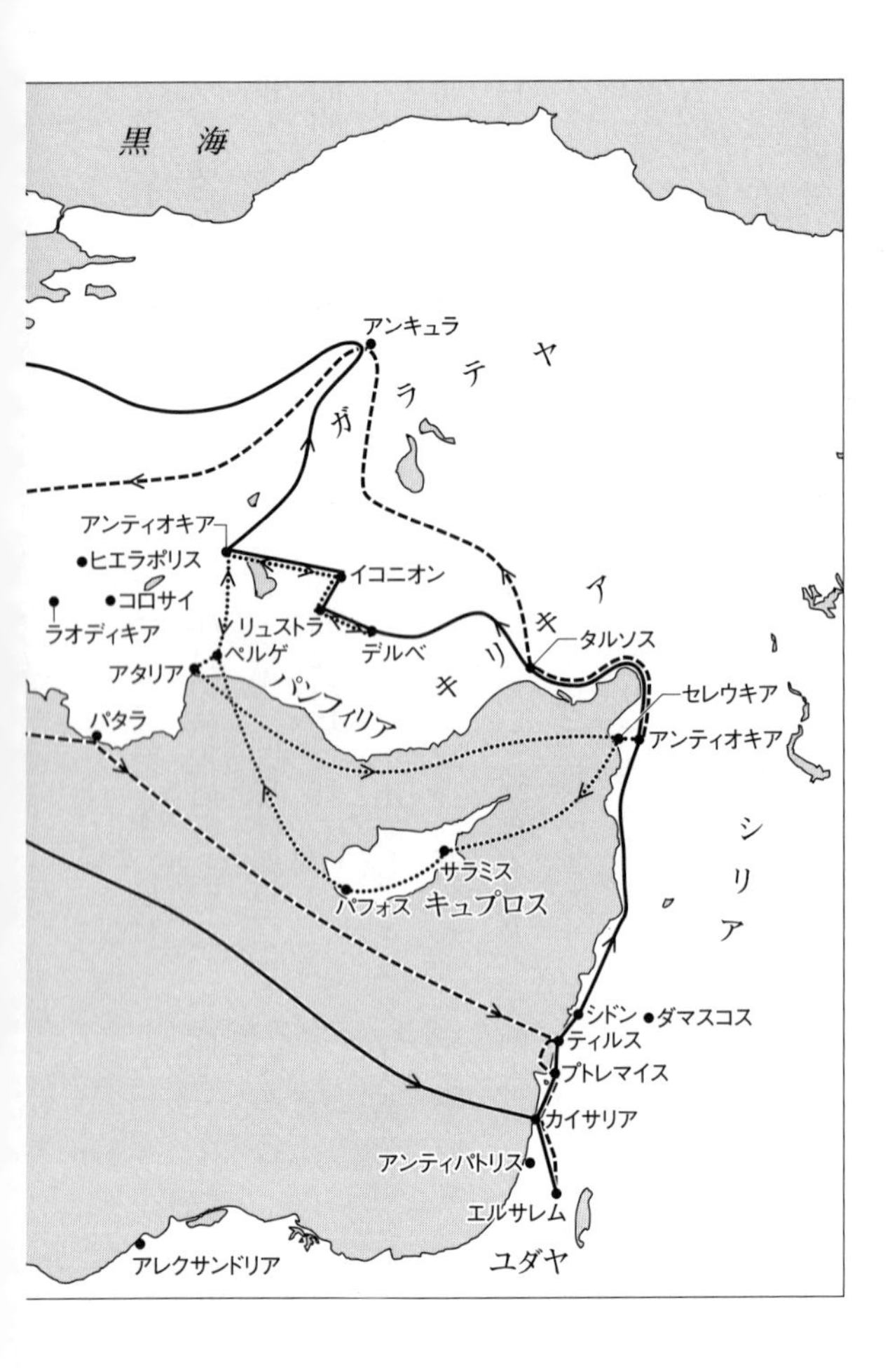
黒　海
アンキュラ
ガラテヤ
アンティオキア
ヒエラポリス
イコニオン
コロサイ
ラオディキア
リュストラ
デルベ
タルソス
ペルゲ
アタリア
パンフィリア
キリキア
パタラ
セレウキア
アンティオキア
シリア
サラミス
パフォス
キュプロス
シドン
ダマスコス
ティルス
プトレマイス
カイサリア
アンティパトリス
エルサレム
アレクサンドリア
ユダヤ

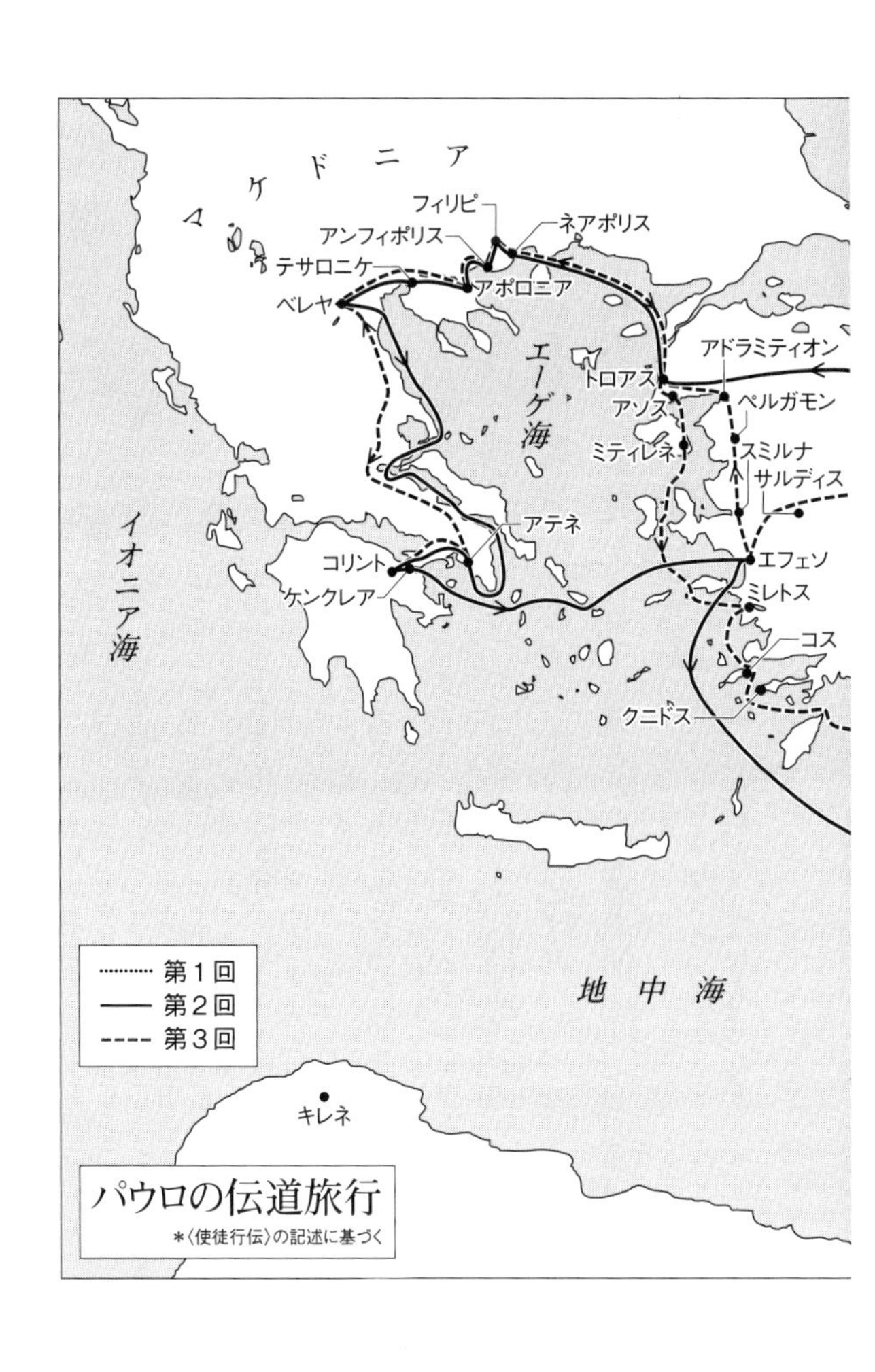
マケドニア
フィリピ
ネアポリス
アンフィポリス
テサロニケ
アポロニア
ベレヤ
エーゲ海
アドラミティオン
トロアス
アソス
ペルガモン
ミティレネ
スミルナ
サルディス
イオニア海
アテネ
コリント
ケンクレア
エフェソ
ミレトス
コス
クニドス
第１回
第２回
第３回
地中海
キレネ
パウロの伝道旅行
＊〈使徒行伝〉の記述に基づく

などに多くのキリスト教会を設立したことから、パウロの生涯において最も重要な旅であったと言える。パウロは弟子のシラスを伴なって、アンティオキアからキリキア地方、パンフィリア地方のデルベ、リュストラ、イコニオン、フリュギア地方、ガラテヤ地方、トロアス、そこからエーゲ海を渡って、マケドニア地方のネアポリス、フィリピ(一時獄囚となる)、アンフィポリス、アポロニア、テサロニケ、ベレヤ、ふたたびエーゲ海を南下してアテネ(ここでは伝道に失敗)、そしてコリント(一年半滞在)に至り、そこから海路エフェソ経由でエルサレムに上り、最後にアンティオキアに戻った。

パウロはこの旅の途上で、一部の地方のキリスト教会の信徒たちに宛てて手紙をしたためている。それが新約聖書に収録されて現在まで伝わる「パウロの手紙」の始まりである。実際に読んだ、あるいは読もうとしたことがある人ならば同意されると思うが、パウロの手紙は決して読みやすくはない。ルカによる〈使徒行伝〉とは違って、ストーリー性がまったくないうえに、現代人のわれわれから見て、ほとんど実感の湧かない話題や議論が一方的に展開されているように思われるからである。

では、そのようなパウロの手紙は、なぜ書かれなくてはならなかったのか。その理由を知るためには、パウロが各地で直面していた問題の背景を知る必要がある。一例として、パウロが旅の途上で約一年半にわたって滞在した、コリントの文化的・社会的背景について紹介しよう。

コリント教会

コリントは、今日の地理で言うとアテネの西方、長距離バスで約二時間の距離にある。ペロポネソス半島のちょうど付け根の部分の西端に位置している。コリント付近はちょうど砂時計のくびれのような地峡となっていて、ギリシア本土とペロポネソス半島とを結ぶ交通の要衝として古代ギリシアの時代より栄えてきた。現在はその地峡を貫く運河があり、リロニコス湾とコリントス湾とを直結し、エーゲ海とイオニア海とをつないでいる。古代ギリシアの時代には、この地峡に「ディオルコス」と呼ばれる石造りの搬送路が敷かれ、台車の上に載せた船を人力で曳いて運搬した。石の道路上に轍(わだち)の残る遺跡が、現在数多く発掘されている。

コリントのこのような地形は、この地が古来、商業上の要であったことを示している。ホ

コリントの旧跡．紀元前6世紀のアポロン神殿址．背後にそびえるのはアクロコリントス．The Cambridge Bible Commentary, 1966 より．

メロスの『イリアス』では「豊穣な街」として称えられている。街の基礎は紀元前九〇〇年頃に築かれ、紀元前六世紀の僭主（せんしゅ）時代に最初の全盛期を迎えた。ヘレニズム時代には人口四万—五万を数えるギリシア最大の都市として発展し、紀元前一四六年にローマによって滅ぼされるまで繁栄した。

その後、コリントは久しく荒廃していたが、紀元前四四年、ユリウス・カエサルがローマの植民都市コロニア・ラウス・ユリア・コリンティエンシスを古代遺跡の上に建設し、皇帝直轄であった一時期を除き、元老院直轄の属州アカイアの首都としてプロコンスル（総督）が常駐する街となった。以来、コリントは商業都市として繁栄を取り戻し、パウロが宣教に訪れた時代へと至る。

しかし、商業都市としての繁栄は人心の不安定を招くのが常である。コリントもまたその例にもれない。人口の三分の二は奴隷で、下層階級に属する者が大半を占め、一部の富裕層が富と権力を握る、今日で言う格差社会が生まれていた。コリントの街を見下ろすようにして背後にそびえるアクロコリントスの山頂には、アフロディテーを祀る神殿が建っていたが、そこには約千人もの神殿娼婦がいたと、古代ギリシアの地理学者ストラボーンは記している。当時、「コリントの娘」と言えば乱れた風俗習慣の女を意味し、「コリント風に生きる」とは性的不道徳をなす生き方を意味していたという。コリントのこうした文化的・社会的背景は、パウロの宣教活動と教会建設とに大きな影響を与えたに違いない。

パウロの〈コリント人への手紙〉は、コリントに住む異邦人キリスト教徒たちからの質問にパウロが答えるかたちで綴られた部分も多い。それは、コリントの社会のなかで生きる人々の不安や日々の生活の問題に対して、キリスト者の歩むべき道を指し示して答える必要があったからである。〈コリント人への手紙〉に限らず、パウロの手紙が難解だと言われるのは、さきに述べたように、パウロたちの直面していた日々の問題が、現代人のわれわれから見て現実味に乏しいからであろう。しかし、それは逆に言えば、彼らの直面していた問題に思いを馳せ、現代人の日々の問題との共通項をそこに見出すことができれば、パウロの手紙の真意を理解する糸口もまた見つかることを意味している。パウロの手紙については、次の第2章で詳しく解説していくことにする。

最後の旅

さて、アンティオキア帰着後、パウロはそこに長く留まることなく、再び旅に出発している。通常、これを「第三回伝道旅行」と呼ぶが、この旅に関する〈使徒行伝〉の描写には、新たな旅に出るという印象がまったくない(18章23節)。それゆえに、パウロの伝道旅行を、そもそも「第一回」「第二回」「第三回」などと区別すること自体に異を唱える研究者は多い。しかし、ここでは混乱を避けるために、とりあえず従来の呼び方を便宜的に踏襲する。

この第三回伝道旅行は、現存するパウロの手紙の大部分が、この旅の途上で書かれたことから、とくに大きな意味を持っている。そしてこの旅は、パウロにとって最後の伝道旅行となったことでも重要である。

旅の行程と事績は、〈使徒行伝〉の報告のみならず、パウロ自身の手紙の内容も参照しながら詳細に再構成できる。したがって、前回までの旅よりも内容を厳密に推測できるのが利点である。それは大略、次のようなものであった。

パウロはまず、前回の旅と同様にアンティオキアから出立したのち、ガラテヤ地方を通り抜け、さらにフリュギア地方を訪れた。その後は前回と異なり、アナトリア高原を西に向かって横切るかたちでエフェソに出た。エフェソはローマの属州アシアの首都で、小アジア最大の商業都市であり、また異教祭儀の中心地でもあった。街の象徴は、その壮麗さから「世界七不思議の一つ」と言われた、豊穣の女神アルテミスの神殿である。大きさはアテネのパルテノン神殿の四倍以上もあったという。〈使徒行伝〉は、そのエフェソにパウロは二年間滞在したと記している(19章10節)。

パウロはさらに、マケドニア、ギリシアに赴いたうえでエルサレムに行く決心をしたが、なおもエフェソに留まり続け、しばらくしてのちに、ようやく出立してマケドニアに向かった(19章21―22節、20章1―2節)。紀元後五五年のことと思われる。この間の事情を〈フィリピ人への手紙〉や〈フィレモンへの手紙〉から推察すると、パウロはある期間、エフェソで投獄されていたらしい。さらに〈コリント人への第二の手紙〉から推測すると、「ギリシア」と呼び表わされているコリントの教会で抜き差しならない問題が起こり、その対処に多くの時間と労力を費やさざるをえなかったものと思われる(とくに2章12節、7章5節、10章—13章など)。

コリントの問題はとくに深刻で、〈使徒行伝〉では報告されていないが、パウロはコリントへの、いわゆる「中間訪問」をも行なっている。それまでの経過からすれば「二度目」のコリント訪問と言うべきはずの箇所で、「三度目」と語っているからである(コリント人への第二の手紙12章14節、13章1—2節)。もっともそれは、初めから短期間でエフェソに戻ってくる「中間的」な訪問として企てられたものではなく、コリントの問題が解決しなかったがために、致し方なく短期間で戻らざるをえなかった訪問であったと思われる。

対処に時間を要したコリントにおける難問題とは、エルサレムから派遣されてきたヘブライストたちの、律法遵守の伝統に基づく「強いキリスト」理解によって惹き起こされた対立であった。パウロはヘブライストたちに対して、「弱さのゆえに十字架につけられた」キリスト(13章4節)と、復活者キリストが語ったとされる「力は弱さにおいて完全になる」(12章9節)という言葉を引きながら、イエスの「十字架の逆説」を展開して反論した。パウロの協力者テトスの仲介などによってコリント教会の状況は好転したようで、そこでようやくパウロはエフェソを発って、マケドニア経由でコリントに向かうことができたのであった。
コリント教会でパウロは、エルサレム教会のための献金を異邦人教会からとりまとめて集め、再びマケドニア、トロアスを経て、エフェソの少し南のミレトスから海路エルサレムへと向かった。〈使徒行伝〉はパウロの献金集めの行為についてはまったく沈黙しているが、この最後のエルサレム上京は、使徒会議での約束に基づく献金を届けるためであったことは疑いない。コリントの地からまだ見ぬローマの信徒たちに宛てて書かれた〈ローマ人への手紙〉から判断すると、パウロ自身はこの献金がエルサレム教会によって受け入れられるかどうか、危惧の念を抱いていたようである。パウロはこう記している。

私はあなたがたに懇願する。神に向けた、私のための祈りにおいて、私と共に力を合わせてほしい。〔すなわち〕私がユダヤにいる不信の徒たちから救い出され、さらに私のエルサレムへの奉仕が聖徒たち（エルサレム教会の信徒たち）にとって快く受け容れられるものとなるように。（15章30―31節）

そして、その予感が的中するかたちで、エルサレムに到着するや否や、パウロはユダヤ人たちによって捕らえられてしまう。もはやパウロ自身の証言は残っていないが、〈使徒行伝〉によれば彼は二年以上にわたり、エルサレムから北の地中海に面したカイサリアに幽閉されたという。その後、ローマ市民権を行使して皇帝への直訴を願い出て、パウロは海路ローマへと護送された。

〈使徒行伝〉は、ローマにおけるパウロは何の妨げも受けずに自由に宣教できたと記すのみで、その最期についてはまったくふれていない。これは非常に不可解なことである。おそらく、ローマの権力者を慮るルカの意図に沿った叙述であろう。パウロは紀元後六〇年前後にローマで処刑されたに違いない、と大方の研究者は推測している。

その傍証として、紀元後九六年に書かれた使徒教父文書の一つである、ローマの司教クレメンスによる〈クレメンスの第一の手紙〉がある。ペトロと同様にパウロもまた権力者の前で証しをなしたと記すことによって、パウロが殉教者となったことを示唆している（5章4―7節）。「証し」martyrion は「殉教者」martyr に通じる。ただし、クレメンスはその一方で、パウロは西の果て（スペイン）にまで赴いて伝道したとも記している。これはパウロ自身の願

フォロ・ロマーノのティトス凱旋門に刻まれたレリーフ．紀元後70年，エルサレム陥落の際，神殿から7本枝の燭台メノーラや時を告げるラッパなどを運び出すローマの兵士たちが描かれている．The Cambridge Bible Commentary, 1966より．

望（ローマ人への手紙15章24節）を反映した類推であって、歴史的信憑性はほとんどないとみなされている。

関連は必ずしも明らかではないが、パウロが処刑されたのとほぼ同時代に、「ローマ大火」として知られる大規模火災が発生している。紀元後六四年、ローマの街は灰燼に帰したと伝えられる。ローマの歴史家タキトゥスによれば、皇帝ネロはこの火災を惹き起こした罪をキリスト教徒に負わせ、それを口実におびただしい数のキリスト教徒を迫害し殺害したという。パウロはその虐殺に巻き込まれたのではないか、と考える研究者もいる。「新約聖書外典」に収められている〈パウロ行

黒　海
コス
クニドス
リュキア
パンフィリア
キリキア
パタラ
ミラ
シリア
ラサヤ
クレタ
ロドス
サルモネ岬
フェニキア
キュプロス
ダマスコス
シドン
地　中　海
ティルス
プトレマイス
カイサリア
アンティパトリス
エルサレム
アレクサンドリア
エジプト

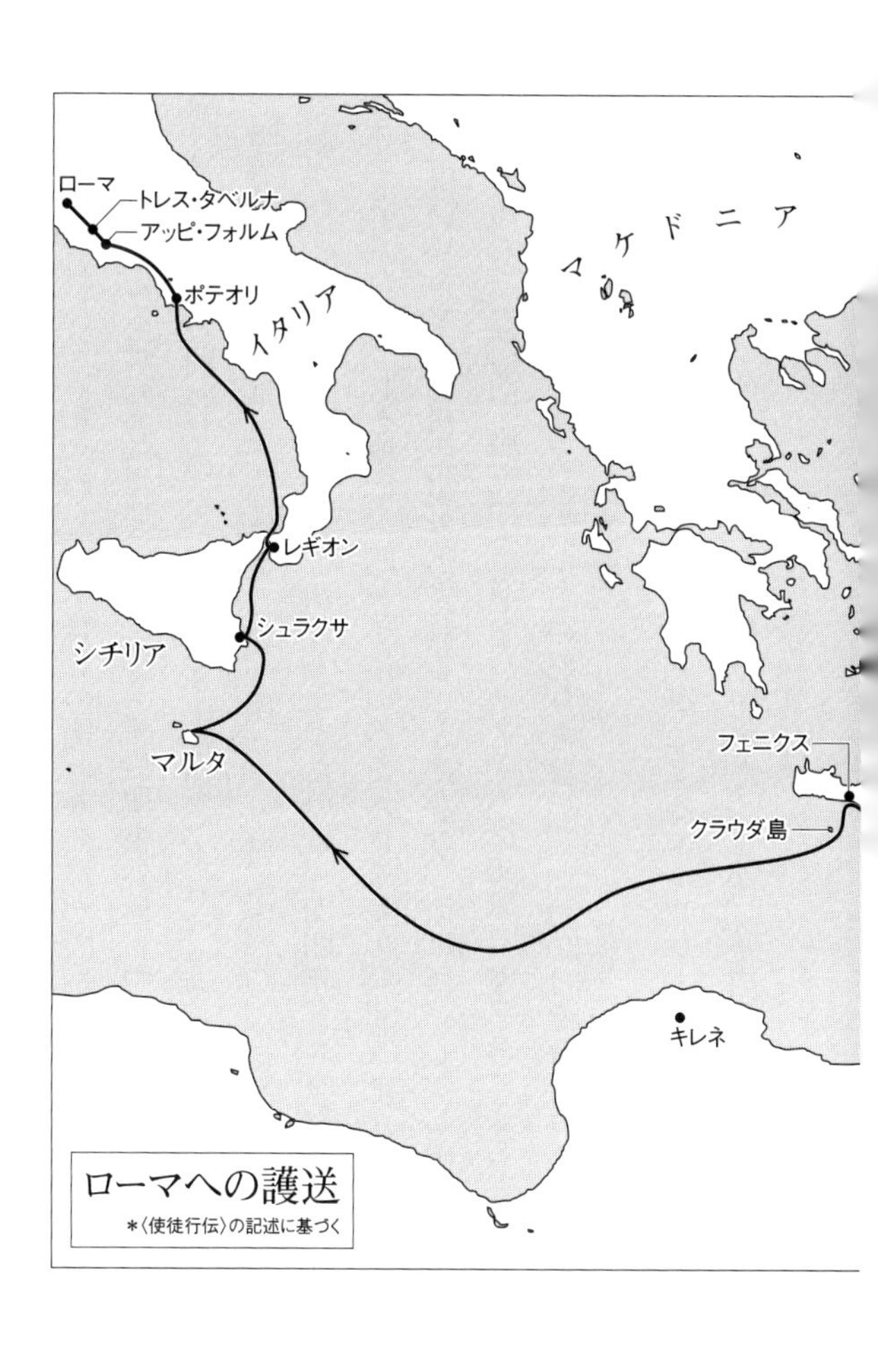
ローマ
トレス・タベルナ
アッピ・フォルム
ポテオリ
イタリア
マケドニア
レギオン
シュラクサ
シチリア
マルタ
フェニクス
クラウダ島
キレネ
ローマへの護送
*〈使徒行伝〉の記述に基づく

伝〉（正式名は〈パウロとテクラの行伝〉。二〇〇年頃）と元来は結合していた可能性のある〈パウロの殉教〉は、パウロがネロによって殺害されたことに言及している（1―7章）。しかし、その信憑性は疑われている。むしろネロとの関わりのなかで殉教の死を遂げたのはペトロではないか、と考える研究者のほうが多い。「新約聖書外典」中の〈ペトロ行伝〉（一八〇―一九〇年頃）は、ネロとの関わりのなかで、逆さ十字架によるペトロの処刑に言及している（37―41章）。

世界史的に見れば、この時期は第一次ユダヤ戦争（六六―七〇年）が目前に迫る不穏な時代であった。時代が暗転するきっかけとなったのは、四四年、ユダヤ王アグリッパ一世の突然の死であった。それを機に、四一年にいったんローマの属州支配から解放されていたユダヤは、再びローマの属州に組み込まれることになり、徐々に、しかし確実に、滅亡への道を歩みはじめた。『ユダヤ戦記』を著したユダヤ人歴史家ヨセフスによると、ローマの度重なる瀆神(とくしん)的な振る舞いがユダヤ人たちの怒りを買い、ついにはそれがローマに対する大規模な反乱の引き金となったのだという。

その反乱の末路が、七〇年のローマ軍によるエルサレム神殿を含むエルサレムの破壊である。神殿はユダヤの人々の信仰の拠り所であったが、その破壊によって彼らの精神と生活は根底から脅かされることになった。寄る辺を失なった人々の多くは、パレスティナの地を去って地中海の各地へと離散していき、ディアスポラの民が増大した。

同様に深刻な影響を受けたのが、意外に思われるかもしれないが、エルサレム教会のヘブライストたちである。ヘブライストはもともと、神殿祭儀を含むユダヤの律法を遵守してこそ真のキリスト者になれると信じていた人たちである。したがって、彼らもまた、神殿が破壊されたことで寄る辺を失ない、勢力を弱めていくこととなった。こうしてユダヤ教は神殿の宗教から書物の宗教へと変貌を遂げていく。三世紀初頭から半ばにかけて執筆されたと推定される〈ペトロの宣教集〉は、ペトロの名前を用いてイエスの実弟ヤコブの思想を語る。ユダヤ主義的キリスト教の主張を記した現存する最後の文献で、ヘブライストたちの主張はこれをもって歴史上から姿を消す。

教会内部でのこうした勢力図の変化もあって、律法からの自由を説くヘレニストたちの普遍的な考え方が、キリスト教徒の間では支配的になっていった。その際に大きな役割を果たしたのが、パウロが各地の異邦人キリスト教会に宛てて書いた手紙であり、またそれらが読み継がれていったという事実である。第2章では、パウロの手紙について詳しく解説する。

第2章　パウロの手紙

1　正典としてのパウロの手紙

まずは次頁の表を見てほしい。新約聖書のなかには、パウロが執筆したとされる一三の手紙が収められている。これらのうち、パウロ自身の手による真筆と認められるのは、①から⑦の七つの手紙のみである。本章ではこの七つの手紙について、執筆の経緯をはじめ、パウロ自身の執筆意図と手紙に綴られた内容の思想的特徴を解説していく。

一方、これら真筆の手紙以外にも「パウロの手紙」と呼び習わされるものが六つある。まず、〈コロサイ人への手紙〉（紀元後八〇年頃に、コロサイ、ラオディキア、ヒエラポリスの近辺で成立?）、〈エフェソ人への手紙〉（コロサイ書より後の八〇―九〇年頃、小アジアのどこかで成立?）、〈テサロニケ人への第二の手紙〉（パウロの死後の比較的早い時期の六〇年代後半に、テサロニケ近郊で成立?）の三つの手紙は、その神学的な内容、および用語の違いなどからして、パウロの弟子たちが書いたものと考えられている。これらは「第二パウロ書簡」と呼ばれる。

パウロの手紙
（岩波書店版，新約聖書翻訳委員会による配列）

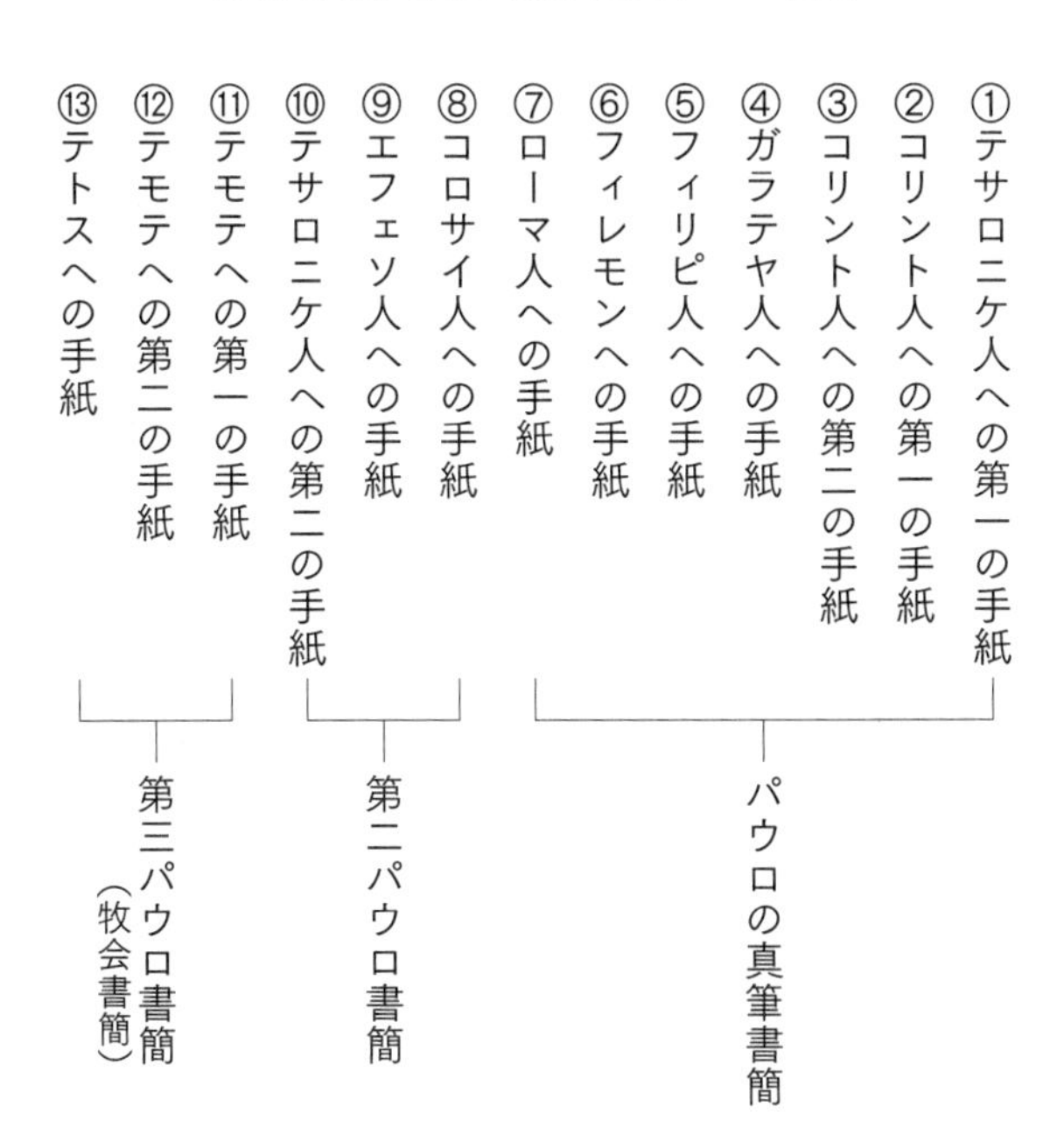

次に、〈テモテへの第一の手紙〉〈テモテへの第二の手紙〉〈テトスへの手紙〉もまた、その神学的内容、および用語の違い、さらには背後にうかがわれる組織化された教会の存在などからして、パウロの後継者たちによって、それぞれ二世紀初頭に書かれたものと思われる。手紙の記述によれば、〈テモテへの第二の手紙〉はローマで、〈テトスへの手紙〉はニコポリスで執筆されたことになっているが、その信憑性は定かではない。これら三つの手紙は通常「牧会書簡」と総称されるが、偽書であるという意味で「第三パウロ書簡」とも呼ばれる。

パウロが書いたとされているこれら一三の文書が、「正典」として新約聖書のなかに収録されている。正典とは、キリスト教徒が従うべき「規範」(ギリシア語でカノーン)として確立された宗教上の文書のことであり、将来にわたって不変の文書とされる。現在の正典のかたちが最終的にいつ決定されたかについては諸説あるが、筆者自身は紀元後三九七年のカルタゴ会議においてであったと考えている。

その決定の妥当性は、プロテスタントの祖、マルティン・ルター(一四八三―一五四六)の宗教改革に至るまで争われることはなかった。一六世紀、ルターはカトリック教会の伝統の無謬性を拒否して宗教改革を断行したが、彼のプロテストは神学的な内的理由に基づくものであった。ルターは、カルタゴ会議以来の聖書の絶対的な正典性に対しても疑義を呈し、〈ヘブル人への手紙〉〈ヤコブの手紙〉〈ユダの手紙〉〈ヨハネの黙示録〉を非福音的だとして、正典と認めることを拒否した。したがって、ルターのドイツ語訳聖書では、従来の伝統に反して、それら四つの文書は末尾に一種の付録のようにして配置されている。そのルター訳聖書は、現代ドイツ語に直されて、今日でもドイツのルター教会では礼拝において使用されている。第4章で再び述べるが、独自の聖書研究によっていわゆる「十字架の神学」を展開したルターは、パウロの正統的な申し子ともいえる存在である。

2　パウロの手紙はどう読まれたか

ここで参考に、新約聖書に収録された二七の文書を表にして掲げておこう。一見してわかるのは、「パウロ」の名前のつく手紙が全体の約半分を占めていることである。新約聖書に最も多く収録されている文書がパウロの手紙であるという事実は、それが編纂された二、三世紀のキリスト教会においてすでに、パウロの思想がいかに重要なものであったかを物語っ

新約聖書

（岩波書店版，新約聖書翻訳委員会による配列）

マルコによる福音書
マタイによる福音書
ルカによる福音書
（以上三書：共観福音書）
ヨハネによる福音書
使徒行伝
パウロの真筆書簡
　テサロニケ人への第一の手紙
　コリント人への第一の手紙
　コリント人への第二の手紙
　ガラテヤ人への手紙
　フィリピ人への手紙
　フィレモンへの手紙
　ローマ人への手紙
第二パウロ書簡
　コロサイ人への手紙
　エフェソ人への手紙
　テサロニケ人への第二の手紙
第三パウロ書簡（牧会書簡）
　テモテへの第一の手紙
　テモテへの第二の手紙
　テトスへの手紙
公同書簡
　ヘブル人への手紙
　ヤコブの手紙
　ヨハネの第一の手紙
　ヨハネの第二の手紙
　ヨハネの第三の手紙
　ペトロの第一の手紙
　ユダの手紙
　ペトロの第二の手紙
ヨハネの黙示録

ている。そこで本節では、パウロの手紙の詳細について紹介する前に、パウロの手紙が初期のキリスト教会でどのように受け止められ、やがて正典として認められるようになっていったかを簡単に述べておく。

伝道のための手紙

まずは、パウロの手紙に関する一般的な情報について紹介しよう。現存するパウロの手紙のなかで最古のものは〈テサロニケ人への第一の手紙〉で、紀元後五〇年頃に書かれたものである。単なる私信ではなく、伝道と牧会(教会および教会員の指導)のための道具として、パウロが手紙というコミュニケーション手段を利用しはじめたのは、この〈テサロニケ人への第一の手紙〉が最初であったと考えられる。

パウロの手紙のうち最後に書かれた〈ローマ人への手紙〉の末尾には、「主にあってこの手紙を筆記した私テルティオスが、あなたがたに挨拶を送る」(16章22節)と記されているが、パウロは誰かに口述筆記させていたようである。筆記者の挨拶がこのように堂々と記されているのはここだけで、これは一般的に言っても極めて珍しい。パウロが何度か「私パウロが今

手紙を書くパウロ．9世紀頃に描かれたもの．

こうして手ずから書いている」と記しているのも(コリント人への第一の手紙16章21節、ガラテヤ人への手紙6章11節、フィレモンへの手紙19節)、それ以外の部分は口述筆記であることを示唆している。

パウロが手紙を書く際に用いたのはパピルスである。パピルスはカヤツリグサ科の沼沢植物で、四メートルほどの高さにまで成長する。その茎を薄い細長片に切り、縦横に重ね、水をかけてたたき、上から押して圧力を加え、天日で乾燥させると、薄くて比較的しっかりとした筆記用紙が出来上がる。紀元前三世紀頃から使われるようになり、新約聖書の写本も、紀元後三―四世紀になって耐久性のある羊皮紙に取って代わられるまでは、パピルスに筆写されていた。パピルスは長い巻物のように編むことも可能だが、キリスト教の世界はユダヤ教の世界とは違って、巻物ではなく、綴本(とじほん)(コーデックス)のかたちで文書を作成した。

朗読される手紙

しばしば誤解されることだが、新約聖書に収められた二七の文書は、もとから正典に収録されるべく書かれたわけではない。それぞれの文書は、それぞれの著者を取り巻く固有の時代状況、多種多様な社会状況を背景に執筆されたものである。現代の聖書学では、それを「状況文書」と呼んでいる。新約聖書が成立する以前のキリスト教会には、そうした状況文書のみがあったわけで、パウロの手紙も元来はそのような状況文書のひとつ、つまり生の手紙であった。それが不変の正典と認められるようになったのは、人々が繰り返し読み、パウロの言葉の意味を繰り返し問い、繰り返し考えたからであろう。

一通の個人宛ての手紙を除き、六通の真筆のパウロの手紙はいずれも、各地の異邦人教会に宛てて書かれたものである。それらは礼拝のなかで会衆に向けて朗読されることを意図して書かれている。その情景は、次のような文言から想像される。

> 私は主に誓ってあなたがたに告げるが、この手紙がすべての兄弟たちに朗読されるように〔してほしい〕。(テサロニケ人への第一の手紙5章27節)

これは、パウロの手紙のなかでも最初期の手紙の末尾にある文言である。「主に誓って告げる」などという、ここでしか用いられない重々しい表現が示しているように、「朗読」の習慣はまだ確立しておらず、今まさに成立しようとしていたことがうかがわれる。パウロの手紙は、教会指導者や文字が読める一部の者たちに宛てて書かれたものではない。多数の信徒たちに読み聞かせることを想定して書かれた手紙なのである。

複製される手紙

〈ローマ人への手紙〉の最終章である16章は、そのように朗読されることを強く意識した手紙の一例であろう。そこには、「プリスカとアクィラとによろしく」「エパイネトスによろしく」という具合に、二五人もの名前が挙げられ、彼らに向けた挨拶文が縷々記されている。

実は、この16章は〈ローマ人への手紙〉の一部ではなく、それとは別のごく短い挨拶状であったのではないか、という有力な説がある。そう考えられる理由はいくつかある。まず、パウロがまだ一度も訪れたことのないローマ教会に、これほど多くの知人がいたとは考えにくいこと。また、15章の末尾33節の結びの定型句は、16章20節bの同様の結びの定型句と重複していること、などが挙げられる。

この短い挨拶状は、ほぼ確実に、エフェソ教会宛ての手紙であっただろう。パウロは、挨拶文のなかで言及されている複数の「家の教会」の活動までよく知っている。それは、彼が長く滞在してよく見知っているエフェソ教会のことだからである。また、真っ先に名前が挙げられている「プリスカとアクィラ」は、〈コリント人への第一の手紙〉から推定して、当時はまだエフェソに住んでいる（16章19節）。以上のことから考えて、〈ローマ人への手紙〉の16章は、エフェソ教会宛ての別の手紙であったと見るのが、最も蓋然性が高い。

ではなぜ、エフェソ教会宛ての挨拶状が、本来の〈ローマ人への手紙〉の全体である1章—15章と合体して、「16章」として伝えられてしまったのだろうか。その理由を考えるとき、実に興味深い仮説が浮上する。ハイデルベルク大学名誉教授のゲルト・タイセンによるものだが、筆者はそれを非常に説得力のある仮説であると考えている。

後述するように、パウロはコリントで〈ローマ人への手紙〉を書いた。その「オリジナル版」は、当然のことながらローマへ送られる。しかし、ローマへ送る前に、パウロの指示で

エフェソ．円形劇場址．パウロの時代は海がすぐそこまで来ていた．写真提供：佐藤研氏．

オリジナル版を筆写した「複製版」が作られた。その複製版の〈ローマ人への手紙〉が、エフェソ教会の人々宛ての短い挨拶状とともにエフェソへ送られた。そうして送られた「二通」の手紙が、理由は不明だが、いつのまにか誤って、次第に「一通」の手紙であるかのように扱われるようになった。その結果、本来は別の手紙だったエフェソ教会宛ての短い挨拶状が、〈ローマ人への手紙〉の「16章」として、複製版の1章—15章とつなぎ合わされてしまったのである。

では、そもそもなぜ、〈ローマ人への手紙〉の複製版はエフェソ教会へ送られたのだろうか。ひとつ考えられることは、エフェソ教会がパウロの手紙の保管場所になっていたのではないか、ということである。パウロは、エフェソでの二年間の滞在中に、〈コリント人への第一の手紙〉〈同第二の手紙〉〈ガラテヤ人への手紙〉〈フィレモンへの手紙〉を書き送った。「書き送った」わけだから当然、手紙のオリジナル版は手許に残らない。そこでパウロは、オリジナル版とは別の保管用に、エフェソ教会でそれらの手紙の複製版を作らせた。

エフェソ教会ではおそらく、パウロが他の教会へ書き送った手紙の蒐集（コレクション）もなされていたのであろう。パウロは、そのコレクションに〈ローマ人への手紙〉も加えておこうとして、エフェソ教会の人々への挨拶状とともに、〈ローマ人への手紙〉の複製版をコリントから送り届けたのである。

こうした経緯は、パウロの手紙がすでに彼の存命中から、おそらく複数、筆写されていた可能性があることを強く示唆している。筆写された複製版は各地の教会へ送られ、教会の間で回付されたが、同時に、複製版の複製もさらに繰り返されたことであろう。このようにして各地の信徒たちに広く読まれるうちに、パウロの手紙は「権威ある文書」として次第に認められていくことになったと考えられる。

パウロの弟子たちによって第二パウロ書簡、第三パウロ書簡が書かれたという事実もまた、パウロの手紙が早い段階から「権威ある文書」とみなされていたことを示している。第二パウロ書簡に属する〈コロサイ人への手紙〉には、次のような文言がある。

この手紙があなたがたのところで読み上げられたら、ラオディキアの教会でも読み上げられるように、また〔反対に〕ラオディキアから〔回付されてきた私〕の手紙をあなたがたも読み上げるように〔してほしい〕。（4章16節）

これは、この手紙が書かれた紀元後八〇年頃までにはすでに、パウロの手紙が各地の教会の間で「権威ある文書」として回付され、読まれるようになっていた事実を示している。弟子たちには、師と仰ぐパウロのあまりにラディカルな思想を多少なりとも穏健なものにしたいとの意思もうかがえるが、もちろんパウロの手紙を後世まで伝えようとする強い意図があったことは疑いない。

マルキオンの正典

「権威ある文書」はやがて「正典」への道を歩みはじめる。パウロの手紙がキリスト教の正典となるきっかけを与えたのは、紀元後一四〇年頃にローマ教会で活動したマルキオン（一〇〇—一六〇?）であった。マルキオンは、黒海沿岸の貿易都市シノペ出身の富裕な船主であったが、ローマ教会に莫大な献金をして教会員となったと伝えられている。強烈なパウロ主義者で、ユダヤ教の聖書（旧約聖書）を全否定し、牧会書簡を除くパウロの一〇通の手紙と、パウロの同労者だとマルキオンがみなしたルカによって書かれた〈ルカによる福音書〉のみが、彼の「正典」であると主張した。いわゆる「マルキオンの正典」である。ただし、マルキオンは、パウロの手紙にも〈ルカによる福音書〉にも、パウロのユダヤ主義者的な敵対者による改竄部分が多く含まれていると考え、それらをいわば濾過して清めたうえで（書き変えたうえで）彼の正典とした。その内容の是非は

マルキオン（右，100–160?）．使徒ヨハネ（左）のように後光が射しておらず，顔は醜く描かれている．損傷を加えられた可能性もある．11世紀頃．Morgan Library & Museum.

別として、それまで状況文書のひとつにすぎなかったパウロの手紙を「正典」として位置づけたのは、このマルキオンが最初であると言われる。

当然ながら、マルキオンのこうした考えを教会が受け入れるはずはない。マルキオンの正典は猛烈な反発を招き、マルキオン自身は追放され、単独で自分の教会を築くことになった。彼の創設したマルキオン教会は、西方では三世紀初めまで、東方では五世紀頃まで存続したと言われる。

一方、教会内にもすでに正典作成に向けての動きの萌芽はあったが、マルキオンに対する教会の猛反発は、従来の状況文書のなかから正典を選び出す「聖書」の編纂活動を促進することとなった。その結果、教会はマルキオンとは正反対に、ユダヤ教の聖書を「旧約聖書」として受容し、福音書が複数あることを肯定して、ルカだけでなく、マルコ、マタイ、ヨハネによる三つの福音書も正典として採用した。さらに、マルキオンのようにパウロの手紙だけを正典として認めるのではなく、ペトロをはじめとする使徒たち、そしてイエスの弟ヤコブが書いたとされる手紙、すなわち〈ヘブル人への手紙〉〈ヤコブの手紙〉〈ヨハネの第一の手紙〉〈ヨハネの第二の手紙〉〈ヨハネの第三の手紙〉〈ペトロの第一の手紙〉〈ペトロの第二の手紙〉〈ユダの手紙〉(これらは「公同書簡」と総称される)をも正典として承認した。

このようして、今日われわれの手許に伝わる旧約聖書・新約聖書の原型が整えられていった。ここで注目すべき点は、マルキオンの正典も含め、聖書の諸文書が正典として認められていく過程のなかで、その中心にはつねにパウロの手紙があったということである。パウロが手紙を通して語ったことの普遍性と重要性は、時を経るに従って、キリスト教徒の誰もが認めるものとなっていったのである。

3 七つの真筆の手紙

さて、本章で紹介するパウロ自身による真筆の七つの手紙のうち、最も早い時期に書かれたのは〈テサロニケ人への第一の手紙〉であり、最も遅く書かれたのは〈ローマ人への手紙〉である。ただし、その他の五つの手紙がどのような順序で書かれたのか、正確な再構成は難しい。そこで本書では、それら五つの手紙については、新約聖書翻訳委員会訳『新約聖書』(岩波書店刊。以降、岩波訳聖書)の順序に従って配置する。そのうえで、各七つの手紙の「①執筆年代と執筆地」「②執筆意図と思想的特徴」の各点を解説していくことにする。

テサロニケ人への第一の手紙

①執筆年代と執筆地

テサロニケはローマ帝国の属州マケドニアで最大の港湾都市で、ローマ帝国の東西を結ぶ最重要の軍事道路エグナティア街道が通っていた。紀元前二世紀半ば以降、マケドニアの首都となり、総督の居住地となっていた。パウロの第二回伝道旅行におけるテサロニケ伝道について〈使徒行伝〉はふれているが、テサロニケ教会はその際に設立されたものと考えられる(17章1節以下)。

この手紙のなかでパウロは、ギリシアの首都アテネに滞在したことに言及している(3章1節)。〈使徒行伝〉によれば、アテネでの伝道活動は第二回伝道旅行においてのみであり、しかもパウロはそこで伝道に失敗している(17章32―34節)。実際、この失敗のためであろう、パウロはのちに〈コリント人への第一の手紙〉のなかで、「弱さと、そして恐れと、そして多くのおののきのなかにあって、(私は)あなたがた(コリント人)のところに行った」と記している(2章3節)。パウロは早々にアテネから次の滞在地コリントへと向かい、コリントでこの〈テサロニケ人への手紙〉を執筆したのだろうと推測される。

アテネ滞在中にパウロは、テサロニケ教会へ弟子のテモテを派遣したが、そのテモテも今は自分のところに戻ってきていると記す(3章2節、6節)。〈使徒行伝〉によれば、パウロはコリントに一年半滞在したとされるが(18章11節)、テモテの派遣と帰還との間に多くの時間が経過したとは考えにくいので、コリントにテモテが戻ってきたのは、おそらくパウロのコリント滞在の初期の頃であったと推定される。一方、パウロのコリント滞在は、さきに述べたガリオ碑文に基づいて紀元後五〇―五一/五二年のことであ

〈コロサイ人への手紙〉の末尾から〈テサロニケ人への第一の手紙〉の冒頭部分．パピルスに筆写されたコプト語(古代エジプト語)写本．4-5世紀．Augsburg University Library.

ったと、ほぼ確実に推定される。したがって、これら二つの推定を合わせると、この手紙は紀元後五〇年頃にコリントで執筆されたと考えてよいことになろう。

これは極めて重要な年代決定である。なぜならば、この手紙こそ新約聖書に収められたパウロ書簡のうちで最初に執筆されたものだからであり、しかも新約聖書全体のなかでも最古の文書だからである。

②執筆意図と思想的特徴

この手紙の執筆の主たる目的は、テサロニケのキリスト教徒たちの問いに答えることであった。テサロニケの信徒たちは、もしもキリストが再臨する前に自分が死んでしまったら、何らかの不利益を蒙るのではないかと心配していた。キリスト再臨のときまで生き残るであろうと考えていたパウロと自分たちとは違うのではないか、との疑念を抱いていたのである。

パウロは、黙示思想的な終末理解を展開しながら、そのような心配は無用であることを説く(4章13―18節)。それは極めて神話的な表象に満ちた議論であるが、注目すべきは、「復活者」イエスとの邂逅がひとえに喜びの出来事としてのみ描かれていて、キリストの再臨と、いわゆる「最後の審判」の思想との結合がいっさい見られないことである。
手紙の前半部でパウロは、自分たちが同じマケドニアのフィリピで苦闘したこと（2章2節）、テサロニケ人たちが同国人たちから迫害を受けたこと（2章14節）、テサロニケを訪問しようとしたパウロをサタン（おそらくクラウディウス帝が四九―五〇年に発したユダヤ人追放の勅令ゆえに生じた状況を暗に指している）が妨げたこと（2章18節）などを回想するかたちで記す。それにもかかわらず、ともに働く神の力を信じて、神の意志（おもい）にかなった歩みをなすようにとパウロは勧告する。

なぜならば、もしもあなたがたが主〔イエス〕にあって堅く立っているのなら、今、私たちは生きる〔ことになる〕からである。（テサロニケ人への第一の手紙3章8節）

コリント人への第一の手紙

①執筆年代と執筆地
パウロは第二回伝道旅行でアテネを経由して、その西方約七〇キロのコリントに至る。

〈使徒行伝〉によれば、パウロは一年半滞在してコリント教会を設立した(18章1—8節)。第1章で紹介したように、コリントは当時、一大商業都市として繁栄を謳歌していたが、一方で人心と風俗の荒廃をも招いていた。そうした環境はコリント教会の人々にも少なからず影響を与えていたようで、コリント教会は他の伝道地には類を見ないほど多くの問題を抱えていた。

パウロは第三回伝道旅行の途上、エフェソからこの手紙を書いた(16章8節)。〈使徒行伝〉によると、パウロのエフェソ滞在は二年間であったとされるが(19章10節)、それはほぼ確実に紀元後五三—五五年と推定される。パウロはこの手紙のなかでコリント行きの希望を語っているが(16章5節以下)、コリント教会との関係悪化のためにその希望はすぐには叶わなかった(関係悪化のいきさつは〈コリント人への第二の手紙〉で明らかとなる)。希望が叶ってコリント入りしたのは紀元後五五年であることから、この手紙の執筆は、エフェソ滞在の半ば頃、すなわち紀元後五四年頃と推定される。

②執筆意図と思想的特徴

執筆の動機は、パウロがコリント教会のなかに「分争」があることを耳にしたり（1章10節、11章17節以下）、コリント人たちから種々の質問を受けたので、それらに答えたりアドバイスをしたりする必要性を認めたからである。質問への回答は、多くの場合「ところで、……についてだが」（ギリシア語で「ペリ・デ」）という導入句とともになされている。問題になっている事柄は、性生活における禁欲（7章1節以下）、独身生活（7章25節以下）、偶像に供えた肉を食べることの是非（8章1節以下）、霊の賜物（12章1節以下）、エルサレム教会への献金（16章1節以下）、そして同労者アポロ（16章12節以下）についてなど、多岐にわたるものであった。

コリント教会のなかのパウロの論敵は、パウロが「すでにあなたがたは満腹してしまっており、すでに富者になったのだ。私たちを抜きにして王になったのだ」と語っているような生活態度をとっていた人々であった（4章8節）。彼らの主張はおそらく、「自分たちはすでに霊において完全な者となっているのだ、だからこの肉のからだにおいては何をしても構わないのだ、すべてはゆるされているのだから」という類いのものであったと思われる。それゆえ、彼らを「霊的熱狂主義者」と呼ぶことができるであろうし、彼らの生き方は自由放縦主義的であったことであろう。

〈コリント人への第一の手紙〉. ギリシア語・ラテン語併記の獣皮紙写本. 9世紀. Metzger, Manuscript of Greek Bible, 1981より.

しかし、パウロはそのような人たちに対しても、「すべてはあなたがたのものなのだ」と語り(3章22節)、神のさばきの肯定面を強調する(3章15節、4章5節、5章5節)。そして、「すべてはゆるされている」と彼らが言うのに対しても、そのこと自体を否定しようとはしない(6章12節、10章23節)。パウロの捉え方は、神は律法を遵守するわざや行ないがまったくない不信心な者をそのままで義とする(正しいとする)方であり、そのような神を信じ、そのことを明らかにしたイエス・キリストを信じる信仰によってのみ、人は救われるのだという、いわゆる「信仰義認論」に深く通じるものであった。ただし、パウロは、そのようなユダヤ的な背景を持った議論を、ギリシア人であるコリントの人々に対してストレートに語ることはしない。

もちろんパウロも、人間の善きわざに向けての努力は強調しつつ、「私は、私のからだを殴打し、奴隷として従わせる……――他の人々に宣教しておきながら、よもや私自身が失格者になるということがないために――」(9章27節)と語る。しかし、そのような「行為」への促しは、つねに「あなたがたはゆるされている存在なのだ」という直説法で語られる「福音」によって基礎づけられている。

論敵たちの「すでに……」の強調は、「自分たちはすでに霊において復活している。それゆえに死者の復活などはない」との主張にまで先鋭化されていた可能性があるが、パウロがこの手紙の15章で「復活論」を展開した時点でそれを正確に捉えていたか否かについては、現在でも論争がなされている。

そこではパウロは、終末論的な議論を援用することによって、復活の「霊のからだ」があることを強調する(15章)。ただし、そこでの復活論は、必ずしも実体的にのみ捉えられているわけではない。むしろ、コミュニケーションの媒体となる「からだ」の捉え方、すなわちその人の声が届き、姿が見えているところにまで、この「からだ」は延長されているのだ、という視点からの捉え方(12章12―30節)を基盤にして展開されている。

第3章で詳しく述べるが、パウロの復活論では、「十字架につけられたままのキリスト」というキリスト理解に基づいて「十字架の逆説」が展開される。しかしそれは、コリントの人々が十分に理解するところとはならなかった。そのためパウロは、以下に見るように、〈コリント人への第二の手紙〉において、そこに重点をおいた議論をさらに展開しなくてはならなかった。

ところで、この手紙に関して、翻訳の仕方が問題となる箇所について言及しておきたい。それは、パウロが「奴隷の解放」に関連して語っている7章21節である。日本聖書協会による口語訳では、「もし自由の身になりうるなら、むしろ自由になりなさい」と訳され、新共同訳ではまったく逆に、「自由の身になることができるとしても、むしろそのままでいなさい」と訳されている。このような解釈の違いが生ずる理由は、原文では「むしろ用いなさい」と書かれているだけで、「用いる」の目的語が省略されているからである。だから、そこに何を補うかによって、内容がまったく異なってくるわけである。

その目的語として、口語訳は「自由になるチャンス」を、新共同訳は「奴隷の身分」を補っている。しかし、両者とも、当時の歴史的事実、すなわち奴隷が自由人になりえたのは、主人がその奴隷の解放を宣言したときに限られていたという事実を、そして主人が奴隷の解放を宣言した場合には、奴隷はそれに逆らえず、解放奴隷(自由人)となる以外に方法はなかったという事実を無視している。

おそらくパウロはここで、解放奴隷となった場合でも、「神の召し」そのものは大切に考え続けなさい、と勧告しているのだと考えられる。そこで筆者は、岩波訳聖書では次のように訳した。

たとえあなたが自由人になることができるとしても、あなたはむしろ〔神の召しそのものは大切に〕用いなさい。(7章21節)

ここで「神の召し」とは、20節の「それぞれが召された召し」の意味で考えられており、さらに1章26—28節の、「神は、有力なものを打ち壊すために、この世界の生まれのよくないものや軽蔑されているもの、すなわち無きが如きものを選び出されたのである」という

「神の召し」の内容・性格もまた想起されていたことであろう。

コリント人への第二の手紙

〈コリント人への第二の手紙〉として現在まとめられている文書は、複数の手紙の集合体であるという「分割仮説」がある。そう考えられる理由はいくつかある。この手紙のなかのパウロは、あるときは冷静沈着であったかと思うと(たとえば1章3―11節)、急に激昂した調子になったり(10章―13章)、また文章がところどころ非常につながりが悪かったり(2章13節と14節)、互いに矛盾したり食い違ったりしている(8章1節と9章1―2節)。ドイツの新約聖書学者のギュンター・ボルンカムが提出した分割仮説は、現在多くの研究者の支持を得ており、筆者も説得的だと考えている。ここでは、その分割仮説に従って、手紙を以下のように五つの文書に分割して考えることにする。

(1)手紙A(使徒職についての弁明の手紙)
2章14節―7章4節(ただし非パウロ的な6章14節―7章1節を除く)

(2)手紙B(涙の手紙) 10章―13章

（3）手紙C（和解の手紙）　1章1節―2章13節、および7章5―16節
（4）手紙D（エルサレム教会への献金の勧めの手紙）　8章
（5）手紙E（エルサレム教会への献金の勧めの手紙）　9章

（1）手紙A（使徒職についての弁明の手紙）

①執筆年代と執筆地

執筆地は、第一の手紙と同様、ほぼ確実にエフェソである。第一の手紙でコリントへの再訪の希望を述べたパウロであったが（16章5節以下）、その後、コリント教会にはパウロへの新たな反対者がエルサレム教会から侵入してきていた。その結果、コリント教会の人々の心がパウロから離反していく事態が生じた。手紙Aは、その解決のために書かれたと考えられる。

後述する手紙Cからうかがわれる事態の展開からすると、解決にはかなりの時間を要したようである。しかし、他方でパウロのエフェソ滞在は、さきに述べたように紀元後五五年までと考えられるので、この手紙Aもやはり、第一の手紙と同じ五四年に、ただしその年の後

半に執筆されたものと推定される。

②執筆意図と思想的特徴

エルサレム教会からの侵入者たちは、自らの優秀さ、力強さを誇り、それによってキリスト者のあるべき姿を基礎づけたようである(3章1節)。パウロはモーセを消極的にしか扱っていないが(3章7節、13節)、その背景には、モーセのような偉大な人物のあり方が彼らによって称揚されたという事実があったのだろう。モーセが神から受けたとされる十戒は、「石の板」(3章3節)に書かれた「文字」(3章7節)にすぎず、その「文字は〔人を〕殺し、霊は〔人を〕生かす」(3章6節)とされる。そしてパウロは、「主の霊のあるところには自由がある」と語る(3章17節)。しかし、この自由は逆説的なもので、「宝を土の器の中に持っている」というような、多くの苦難の只中での自由な生命の体現を意味していた(4章7―10節)。同様の逆説を、パウロは次のように語りつつ展開する。

私たちは死んでいる者でいて、同時に、見よ、生きており、……悲しんでいる者でいて、しかし常に喜んでいる者であり、貧しい者でいて、しかし多くの人を富ませる者であり、何ももたない者でいて、同時にすべてをもっている者である。（6章9―10節）

ここには、「さいわいだ、貧しいあなたがた」（ルカによる福音書6章20節）や、「さいわいだ、悲しんでいる者たち」（マタイによる福音書5章4節）といった、イエスの言葉における逆説的な表現の反映が見出される。この点については第3章で詳述する。

エルサレム教会からの侵入者たちは、こうした生き方をしているパウロに対して、第一の手紙（9章1節以下、15章8節以下など）から読み取れるよりもさらに激しい批判を展開し、パウロの使徒職をも疑問視する態度をとったのであろう。その批判に対してパウロは、次の「手紙B」において、さらに先鋭化したかたちで反論を展開する。

なお、この手紙の6章14節から7章1節にかけての部分には、パウロらしからぬ語彙が頻出し、さらに極端な分離主義の主張が見られる。この部分は、パウロ以外の人物の文章が誤って、あるいは後代に意図的に挿入されたものと考えられる。

(2)手紙B(涙の手紙)

①執筆年代と執筆地

手紙Aによってもコリント教会の状況は何ら好転せず、逆に悪化の一途をたどったようである。第1章で述べたように、パウロはこの間に〈使徒行伝〉ではまったくふれられていない二回目の、ごく短期間のコリントへの「中間訪問」を行なっている。それはもともと短期間の訪問として意図されたものではなく、そうならざるをえないほどにコリントの状況は悪化していたということであろう。この手紙Bは、パウロがその中間訪問の直後、エフェソに戻った紀元後五四―五五年頃に書かれたと考えられる。

②執筆意図と思想的特徴

後述する手紙Cのなかでパウロは、「私は多くの涙をもって、多くの患難と心の苦悩のなかから、あなたがたに〔手紙を〕書いた」(2章4節)と語っているが、いわゆる「涙の書簡」と呼ばれるその手紙とは、この手紙Bを指すのではないかと考えられている。実際、この手紙Bの調子は、感情の高まりを抑えることのできない、パウロの激昂した精神状態を如実に伝えている。パウロはコリント教会に送り込まれてきた侵入者たちを、「自己推薦をする者たち」(10章12節)、「偽使徒たち、狡猾な働き人たち」(11章13節)と呼んで敵愾心を露わにしている。また、「大使徒たち」とも呼んでいることから、彼ら侵入者たちはエルサレムの使徒たち(イエスの実弟ヤコブをはじめとするイエスの直弟子たち)と密接な関係にあったことがうかがわれる。侵入者たちは「他のイエス」「異なった霊」「異なった福音」を強調した(11章4節)。つまり、モーセと同様の偉大な「奇跡行為者イエス」を称賛し、その霊に与って自分たちもそのような強い者になっていくことを、コリントの人々に説いていたのであろう。

それゆえに、「肉体には刺が与えられ」ていたパウロ(12章7節)、すなわち何らかの身体的な障害を負っていたパウロは、侵入者たちにとって、「手紙は重厚で力強いが、からだごと現われると弱々しく、言葉は軽蔑されている」という存在でしかなかった(10章10節)。

そうした侮辱に対するパウロの反論は、次の第3章で詳しく述べる「イエスの十字架の逆説」と深く結びついている。このパウロ独自の思想は、「もし誇らねばならないとするなら、私の弱さゆえのことがらを、私は誇ろう」という言葉に表われている(11章30節)。パウロがそのように確信をもって述べるのは、彼の出会った「復活者」イエスは、「力は弱さにおいて完全になる」(12章9節)と語りつつ、今もなおその弱さ、すなわち「十字架」を担い続けているからであった。それゆえにパウロは、「キリストは弱さのゆえに十字架につけられたが、しかし彼は〔今〕、神の力によって〔力強く〕生きておられるのである」という、大胆な逆説をも語ることができたのであった(13章4節)。このようなパウロの思想の詳細は、次の第3章で述べることにする。

(3)手紙C(和解の手紙)

①執筆年代と執筆地

手紙Bを送り届けたことと、この手紙Cのなかで言及されているパウロの同労者テトスのコリントへの派遣とによって、コリント教会の事態は好転した。パウロには、彼の伝道活動を支え、日々の仕事を助けた「同労者」が何人かいたが、テトスもその一人であった。パウロは滞在していたエフェソからトロアスに伝道のために赴いたと記しているが、おそらくコリント教会からのテトスの帰還が待ちきれなくて、トロアス、さらにはマケドニアにまで足を運んだのであろう。そしてパウロは、マケドニアでテトスに会って大いに慰められた(2

章12―13節、7章5―6節)。その間には当然、ある程度の時間が経過しているはずなので、この手紙Cの執筆年代はおそらく、紀元後五五年とみるのが妥当であろう。執筆地はマケドニアか、再び戻ったエフェソか、そのいずれかであろう。筆者はマケドニアの可能性が高いと考えている。

②執筆意図と思想的特徴

コリントから帰還するテトスに会うため、わざわざマケドニアにまで赴いたという事実は、パウロがいかにコリント教会のことに心を砕いていたかを如実に物語っている。したがって、事態の好転により、手紙Cは神からの「慰め」とも表現される安堵感に満ちている(1章3―7節、7章6―7節)。それと同時に、そこに至るまでの苦渋に満ちた経過が回顧され、さきに送った手紙B(涙の手紙。2章4節、7章8節、12節)のことや、それが惹き起こした悲しみについてふれられている(2章2―5節、7章8―10節)。さらに、当事者にしか詳細がわからない「かの事件」(7章11節)、「あの処罰」(2章6節)、「ゆるし」(2章7―8節)などにも言及される。

コリントでの苦難をどうにか乗り越えたパウロは、「神〔の意志(おもい)〕に沿った悲しみは悔い改めを造り出し、〔それは〕後悔する必要のない救いへと至り、他方、この世界の悲しみは死をもたらす」(7章10節)という確信を得た。つまり、「さいわいだ、悲しんでいる者は」というイエスの福音の逆説を知らないこの世界の悲しみは、大きな不幸をもたらすと考えるに至ったのである。

(4)(5)手紙Dと手紙E(エルサレム教会への献金の勧めの手紙)

①執筆年代と執筆地

手紙Dと手紙Eでは、パウロは使徒会議での約束に基づくエルサレム教会への献金を奨励する。この献金集めの活動が人々に誤解を与えたためであろう、パウロはコリント教会からの経済的支援は断らざるをえなかった。しかし、この二つの手紙のなかには、そのような背景をうかがわせる記述は見当たらない。したがって、事態が好転してからの手紙Cとほぼ同時期、すなわち紀元後五五年に、相前後して書かれたものと考えられる。執筆地はおそらく、手紙Cと同様、エフェソに戻る前のマケドニアと見るのが妥当であろう(8章1節、および9

章2節)。

②執筆意図と思想的特徴

この二つの手紙の執筆意図は明白である。パウロが献金を奨励する際には、この献金がキリストの恵みへの応答であること、そしてキリスト自身がそれを可能にしてくれるのだ、ということが踏まえられている。それは、「あなたがたは私たちの主イエス・キリストの恵みを知っている……。すなわち、彼は富んでおられたのに、あなたがたのために貧しくなられた」(8章9節)というパウロの言葉が示している。富んでいることと貧しさとの間の逆説的な関係が、ここでもやはりしっかりと押さえられている。

パウロがエルサレム教会への献金集めに尽力したのは、彼がヘブライストたちとの連帯と交わりを重視したためでもあった。手紙Dの冒頭では、パウロはマケドニアの諸教会がいかに献金集めに努力しているかをコリント人たちに伝え、手紙Eの冒頭では逆に、コリント人たちの熱心さをマケドニアの諸教会に伝えている。これは、いかにもパウロらしい牧会的な配慮である。

ガラテヤ人への手紙

①執筆年代と執筆地

〈使徒行伝〉によれば、小アジアのほぼ中央部に位置するアンキュラ(現在のトルコの首都アンカラ)を中心とするガラテヤ地方にパウロが初めて足を運んだのは、彼の第二回伝道旅行のときであった(16章6節)。パウロがそこに教会を設立したという記述はないが、おそらくパウロはその折りに、ガラテヤ地方にある程度の数の信徒を獲得したのであろう。もっとも、「ガラテヤ」をより広くとらえて、ローマの属州ガラテヤの全体、すなわち南方の地方をも含めた地域とみなして、すでに第一回伝道旅行の際にパウロはその地方に教会を設立していたのではないか、との見解もあるが、あまり有力ではない(いわゆる「南ガラテヤ説」)。しかし、どちらにしても、この手紙は単に一教会ではなく、この地方の諸教会に宛てられたものであったということは確実である。

〈使徒行伝〉によると、パウロは第三回伝道旅行の際にもガラテヤ地方やフリュギア地方を巡回して人々を力づけた(18章23節)。ただ、この〈ガラテヤ人への手紙〉が伝えているような厳しい問題がいつ生じ、パウロがこの手紙をどこで執筆したのかは不明である。

第三回伝道旅行でのガラテヤ再訪問の後、エルサレムからの侵入者たちによって現地では混乱が生じたようである。そこでパウロは、コリント教会における諸問題と格闘していたのと相前後して、ほぼ同様の問題を解決するために、この手紙を執筆したと考えられる。時期はおそらく、紀元後五四年頃と推定される。

②執筆意図と思想的特徴

パウロは通常、手紙の冒頭の挨拶の後には手紙の受取人たちへの感謝の意を述べる。ところがこの手紙では、まったく挨拶もなしに、「私は、……かくも素早くあなたがたが異なった福音へと移っていくことに、驚愕している」(1章6節)と、ただちに、しかも極めて激しく厳しい言葉を記している。そして、「私たちがあなたがたに福音として告げ知らせたことに反することを〔あなたがたに〕福音として告げ知らせるとしたら、〔その者には〕呪いあれ」という、一見極めて排他的で激烈な言葉が続く(1章8節)。

しかし、こうした激烈な言葉は、何の背景もなしに虚空に向かって語られているのではなシナイ写本．左からの第2段で〈コリント人への第二の手紙〉が終わり，第3段から〈ガラテヤ人への手紙〉が始まる．羊皮紙に大文字で書かれた綴本(コーデックス)で，新約聖書の写本では最重要のもの．4世紀半ば．新約聖書27文書の全部を収めている唯一の写本である．British Library.

く、むしろ具体的にガラテヤの人々の背後にいる者たちに向けられている。すなわち、パウロの「十字架の逆説」を「神によって呪われたものだ」と断定した者たち(3章10―14節参照)に対する、「呪われているのはそちらではないのか」という反駁であったことには、注意を払う必要がある。イエスの「あなたたちが量るその秤で、あなたたちに量られるだろう」との言葉(マタイによる福音書7章2節)が現実となっている、というのである。

パウロはこの手紙でまず、「異なる福音」に真正面から対立する信仰義認論を展開する(2章15節―4章31節)。そのうえで初めて、侵入者たちの主張に言及する。「見よ、私パウロがあなたがたに言う。もしもあなたがたが割礼を受けるなら、キリストはあなたがたに何の益をももたらさないであろう」(5章2節)。彼ら侵入者は、割礼を受けてユダヤ人になり、律法を遵守しなければ、人は決して救われない、と主張するヘブライストたちであった。すなわち、自らの力を頼み、目に見える保証に基づく「強い」生き方を主張する者たちである。

それに対してパウロは、「私はキリストと共に十字架につけられてしまっている」(2章19節)、「キリストをとおして、世界は私に対して、私も世界に対して、十字架につけられてしまっている」(6章14節)と語る。自らの力に依って生きることを断念する、という表明である。この表明は、パウロ自身の肉体の弱さと結びつけて言い表わされ、かつてのガラテヤ人たちはそのことをよく理解していた、とされる(4章13―14節)。パウロは、「ああ、無分別なガラテヤ人たちよ」と叱責を含んだ呼びかけをしながら、「あなたがたには両目の前に、十字架につけられたままのイエス・キリストが公に描き出されたのに、誰があなたがたをたぶらかしたのか」と嘆く(3章1節)。そして、律法の呪いからの解放者としての「十字架のキリスト」(3章13節)に注目する生き方へと回帰するように、とガラテヤ人たちを促す。

この〈ガラテヤ人への手紙〉は難解な内容を含むが、パウロの思想の核心部を伝える重要な文書である。詳しくは次の第3章で述べる。

フィリピ人への手紙

〈フィリピ人への手紙〉が複数の手紙の集合体であることは、いくつかの理由から言える。まず、3章1節の「最後に……」が手紙の末尾である印象を与えること。それに続く3章2節では突然、論敵への激烈な反駁がなされること。4章2節以下では、その論争内容がまったく反映されていないこと。そして、4章8節にある二回目の「最後に……」がおそらく別の手紙の存在を示唆していること、などである。そこで以下のような分割仮説が提出されているのだが、筆者もそれを採用して、この手紙を次の三つの手紙に分けて紹介することにする。

(1)手紙A(喜びの手紙)　1章1節―3章1節
(2)手紙B(反駁の手紙)　3章2節―4章1節
(3)手紙C　4章2節―4章23節

(1)手紙A(喜びの手紙)

①執筆年代と執筆地

〈使徒行伝〉によれば、パウロは第二回伝道旅行に際してフィリピに教会を設立したとみられる。フィリピとは、マケドニア王フィリッポス二世(アレクサンドロス大王の父)にちなんで命名されたマケドニア州東部の都市である。アウグストゥス帝からローマの特権であるイタリア権を与えられてローマ市民権都市となり、法律も行政もすべてローマと同様に執行されていた。〈テサロニケ人への第一の手紙〉によると、パウロは迫害のためにフィリピを去らなくてはならなかった。しかし、パウロとフィリピ教会との関係は親密なものであり続けたようである。〈使徒行伝〉によれば、その後、第三回伝道旅行の折りにも、パウロはフィリピを含むマケドニア地方を訪れている。

パウロはこの手紙Aのなかでフィリピに赴く希望を語っているので(2章24節)、手紙は実際にフィリピを訪問する前に書かれたと考えられる。また、パウロはこの手紙Aを獄中から書いている(1章13—14節)。同労者テモテをパウロがフィリピに派遣することや(2章19節)、逆にフィリピ教会が同労者エパフロデトスをパウロへの奉仕のために送り込んでいること

（2章25節）などを考慮すると、手紙の執筆地はフィリピからあまり遠くない地であったと推測される。おそらく、エフェソであったと考えるのが妥当であろう。

もしもこの手紙がエフェソで書かれたのだとすれば、〈コリント人への第一の手紙〉とほぼ同じ頃の執筆ということになる。この手紙Aでパウロは、自分は世を去ってキリストとともにあることをむしろ希望すると語っている（1章23節）。一方、〈コリント人への第一の手紙〉では、終末の時まで自分が生き残ることを前提にしていた（15章51—52節）ことから考えると、この手紙Aは〈コリント人への第一の手紙〉よりも後に、つまり紀元後五四年の後半頃に書かれたものと推定される。

②執筆意図と思想的特徴

この手紙Aは、別名「喜びの手紙」と呼ばれるほどに、繰り返し「喜び」に言及する。しかし、この手紙が獄中書簡であることを考慮すれば、喜びの強調は自明のことではない。フィリピ教会との関係は他のどの教会とよりも親密なものであったので、コリント教会の場合とは異なり、パウロは経済的支援を喜んで受け取っている（4章10節、16節）。

敵対する者たちに脅かされることなく、思いを一つにして歩むことが奨励され、いわゆる「キリスト讃歌」が引用される（2章6―11節）。そこではキリストは「死に至るまで従順であった」と歌われているが、パウロはそれに「しかも十字架の死に〔至るまでも〕」の句を挿入することによって、「十字架」というイエスの死の具体的なかたちへのこだわりを見せている。「十字架」と「死」とを結合させた「十字架の死」という句は、新約聖書では唯一ここにしか見出せない。この句をはじめ、さらにキリストのための苦しみが恵みとして与えられていることの指摘（1章29節）などが示しているように、キリストとともに苦難の只中を行く信徒の歩みが強調される（1章21節、2章17節）。

（2）手紙B（反駁の手紙）

①執筆年代と執筆地

手紙Bは、別名「反駁の手紙」と呼ばれる。「喜び」から一転、「反駁」への突然の移行にどれほどの時間が必要であったのかは定かでない。しかし、手紙Aで引用されている「キリスト讃歌」の反映と見られる文章もあり、その間隔は長くはないと考えられる。手紙Bで述べられている論敵たちのユダヤ主義的傾向は、〈ガラテヤ人への手紙〉および〈コリント人への第二の手紙〉（＝涙の手紙）の背後にあるエルサレム教会からの侵入者たちの主張と酷似している。その影響の及び方は、まずガラテヤ地方で、次にフィリピ教会で、次いでコリント教会で、という順序をとったのではないかと考えられる。したがって、この反駁の手紙は、〈ガラテヤ人への手紙〉と〈コリント人への第二の手紙〉（＝涙の手紙）との間の時期に書かれたのではないか、と推定される。つまり、紀元後五四年から五五年の間ということになるだろう。執筆地が手紙Aと同様にエフェソであることを疑う余地はない。

②執筆意図と思想的特徴

この手紙でパウロは、論敵たちを「犬たち」と呼ぶほどに激しい感情を露わにしている（3章2節）。彼らは割礼を強要し、イスラエル民族であることを誇りとしたのであろう（3章3―5節）。それに対してパウロは、「キリストへの信仰による義、信仰に基づく神からの義」という信仰義認論を主張し（3章9節）、さらに再び、それと密接に結合した苦難への参与、またそれゆえに与えられる復活の力を強調する（3章10節）。

この手紙Bにおけるパウロの反駁が、〈コリント人への第一の手紙〉でパウロの論敵が主張していたような、「すでに霊において完全な者となっている」という考え方に対しても向けられていることは注目に値する(3章12節以下)。その主張には明らかに、さきに述べたユダヤ主義的傾向とは異なるヘレニズム的な傾向、すなわち霊的熱狂主義の傾向が認められる。パウロはそこで、二組の論敵を見出しているのか、それとも同じ論敵のなかに二つの傾向が同居すると見ていたのか。筆者は後者を採りたいと考えている。つまり、フィリピ教会にももともとあったヘレニズム的で霊的熱狂主義的な傾向を持つ信仰に、ユダヤ主義的な主張が結合していたのではないか。いずれにしても、確信に溢れてそのような主張をなす者たちに対して、パウロは、彼らの「最後は滅びであり、彼らの神は〔自分の〕腹である」と断言する(3章19節)。これは、異教徒ではなく、まさにキリスト教徒のなかにある自己絶対化に対する厳しい否定である。

(3)手紙C

①執筆年代と執筆地

フィリピ教会の信徒たちがパウロを「再び」援助するようになったと述べられているので(4章10節)、手紙Aと手紙Cとの間ではある一定の時間が経過したことだろう。同労者エパフロデトスを通しての支援も(4章18節)、手紙Aが言及しているように(2章28節)、いったんフィリピに送り返された彼が「再び」持参してきたものと考えられる。そうだとすれば、この手紙Cは、紀元後五五年にエフェソで執筆されたものと推定される。ただし、手紙Bでの論争的な語り口の反映がまったく見られないので、手紙A、手紙B、手紙Cの執筆順は十分に明らかではない。

②執筆意図と思想的特徴

「主にあって常に喜びなさい」とパウロは再び強調し、さらに「(再臨の)主は近い」ということを、その勧告の基盤として語る(4章5節)。手紙Aで若干の変化をうかがわせたパウロの終末理解においても、主の再臨の間近さへの信仰は不変であった。フィリピ教会からパウロへの支援が再開されたことへの感謝がなされ（4章10節以下）、患難の共有の大切さが説かれる（4章14節）。

フィレモンへの手紙

①執筆年代と執筆地

この手紙はパウロの手紙のなかで唯一、個人宛てに送られた手紙である。パウロはいま獄中にいると記されているが（1、9、10、13、23節）、それがどこなのかは不明である。しかし、パウロはフィレモンに宿を用意しておくようにと依頼しているので（22節）、近い時期の釈放を視野に入れている。パウロが投獄された場所として確実に列挙できるのは、新約聖書における証言からして、エフェソ、（海辺の）カイサリア、ローマがある。後者二つでは釈放の可能性はなかったことから、エフェソが候補地として残る。

パウロの真筆ではないものの、パウロと密接な関連を持っていることだけは確かである〈コロサイ人への手紙〉が、コロサイ教会に挨拶を送る者として言及している六人のうちの五人までもが、この〈フィレモンへの手紙〉のなかでフィレモンに挨拶を送る者（23―24節）と名前が一致しているという事実は、この手紙の受取人のフィレモンがコロサイ在住であったことを示唆している。パウロが釈放された直後の宿の依頼も、エフェソとコロサイとの間の距離(約一七〇キロ)からすれば、十分にありえたことであろう。この手紙がエフェソから、しかも獄中から送られたとするならば、それは同じくエフェソで書かれた獄中書簡である〈フィリピ人への手紙〉とほぼ同時期の執筆を示唆する。そうであるならば、紀元後五四―五五年頃ということになる。

②執筆意図と思想的特徴

さきに述べたように、この手紙は現存する唯一の、パウロが一個人に宛てて書いた真筆の書簡である。かつてパウロの導きによってキリスト教徒となったフィレモンの所有していた奴隷オネシモスが、主人の許から、おそらく幾ばくかの主人の金銭を持ってパウロのところに逃亡してきた。そのオネシモスもパウロが収監されている獄中でキリスト者となったので、いまパウロは彼をフィレモンの許に送り返そうとしている。

手紙の意図は明白である。主人フィレモンに対して、オネシモスを今度は奴隷としてではなく、ひとりのキリスト者の兄弟として受け入れてくれるように、との依頼状をパウロはしたためたのである。フィレモンの自発性を重んじ、命令や勧告ではなく、あくまでも懇願の手紙となっている。

パウロのなかには奴隷解放を社会的に実践する意図はない。しかし、フィレモンが迫られている決断は、二重の意味で極めてラディカルな、当時の社会常識に反する決断であった。すなわち、もしもフィレモンが奴隷オネシモスを解放すれば、それは奴隷所有者階級の利益に反することであった。他方、主人フィレモンの許に帰ってくる奴隷オネシモスを奴隷のまま受け入れれば、それは解放を目指している奴隷たちの利益に反することであった。

パウロは、そのような対立関係ではなく、イエス・キリストにあって共に生きるという関係を目指している。ここでは、〈ガラテヤ人への手紙〉のなかでパウロが語る、「〔もはや〕ユダヤ人もギリシア人もなく、奴隷も自由人もなく、男性も女性もない。まさに、あなたがたすべては、キリスト・イエスにおいて一人なのだからである」という言葉（3章28節）が基盤となっているだろう。奴隷の解放については、〈コリント人への第一の手紙〉の項でも述べたとおりである。

ローマ人への手紙

①執筆年代と執筆地

この手紙は、ローマ在住のキリスト教徒たちに向けて書かれている。自分自身で設立したわけではない教会に宛ててパウロがしたためた、現存する唯一の手紙である。パウロは献金を携えてエルサレムに戻ろうとしている(15章25節)。〈使徒行伝〉によれば、第三回伝道旅行の際、パウロはエルサレムへ向かう前に三カ月間、コリントに滞在したとされる(20章2―3節)。したがって、この手紙は、紀元後五五―五六年頃、コリントにおいて執筆されたものと推定される。なお、パウロはこの手紙で、エルサレム上京後は西方の果てであるスペイン方面への伝道に赴くつもりで、その途上にローマ教会を訪れたい、とも語っている(15章24節)。こうした記述は、パウロが東方での伝道活動に終止符を打とうとしていたことを示唆する。

ところで、さきに述べたとおり、この手紙の16章は、本来の〈ローマ人への手紙〉とは別の、エフェソ教会宛ての短い挨拶状であったと考えられている。15章33節の最後の祈りの文章で完結していた本来の〈ローマ人への手紙〉の複製版に、エフェソ教会宛ての短い挨拶状が付されて送られたのではないか、と推測される。宛先がエフェソ教会であることは、16章で列挙されている信徒たちの名前などから確認できる。ただし、本書が準拠する岩波訳聖書でも、とりあえず全体を一つの書簡として訳している。

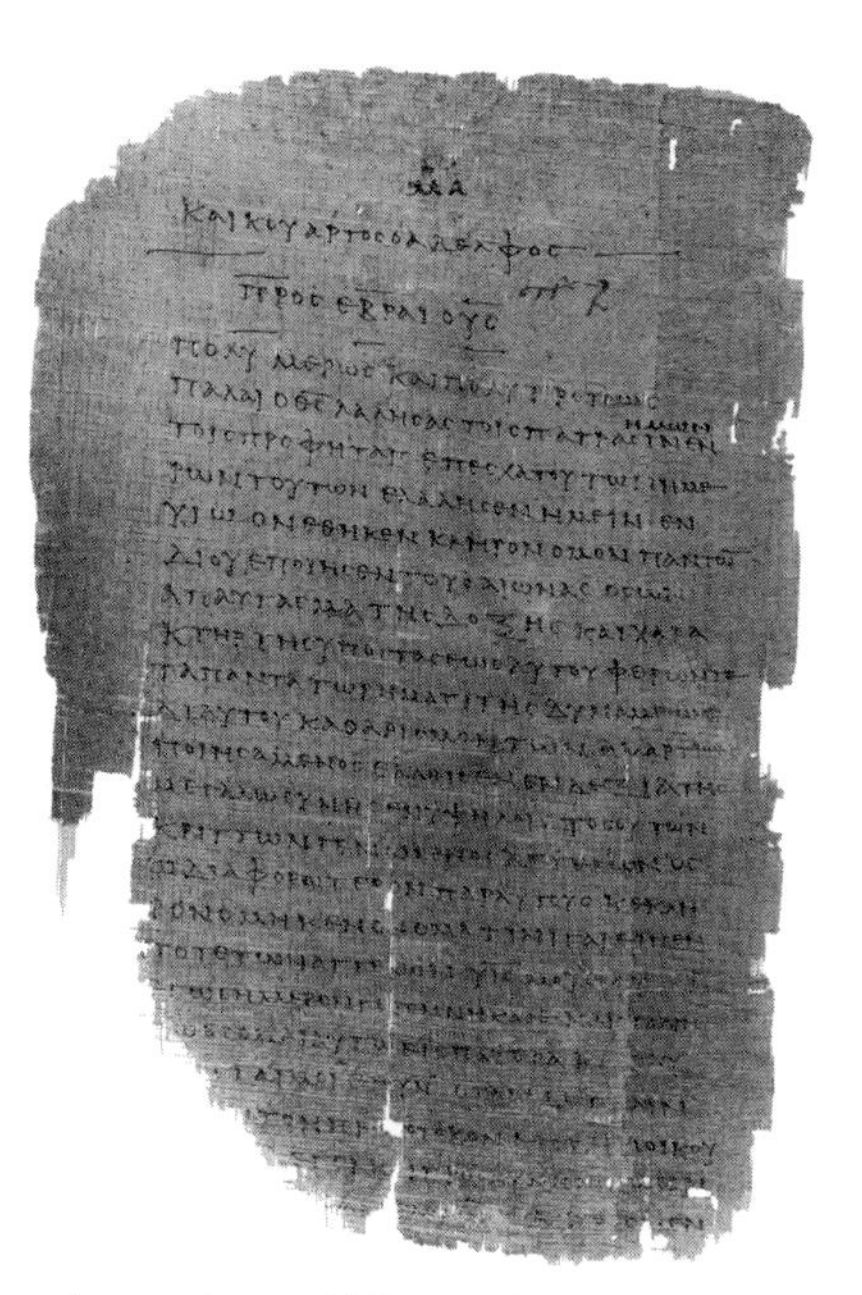

〈ローマ人への手紙〉の16章23節(最上段)から〈ヘブル人への手紙〉の冒頭部分(2行目以下). パピルスに筆写されたギリシア語写本. 200年頃のもので, パピルス番号46. The University of Michigan Papyrology Collection.

②執筆意図と思想的特徴

まだ見ぬローマ教会に対して、そこへの訪問を視野に入れつつ、自らの神学思想を自己紹介的に伝えることが、この手紙の執筆意図である。これを「パウロの遺書」であったと考える研究者もいる。内容としては、それまでにパウロが他の手紙のなかで展開してきた種々のテーマを反映したものが多い。ただし、以前はそれぞれの教会の具体的な状況に即して展開したものを、この手紙ではより一般的に論じているという違いがある。

といって、パウロは、ローマの状況をまったく無視して論じているわけではない。首都ローマには、異邦人キリスト者とともにかなり多くのユダヤ人キリスト者がいたようである。パウロは、そうした人々をも十分に念頭に置きながらこの手紙を書いている。たとえばパウロは、彼の手紙のなかでは初めて、極めてユダヤ的な色彩の濃い贖罪(しょくざい)論的な伝承を引用して議論を展開している(3章24―25節)。「贖罪の供え物」(ヒラステーリオン)という単語をはじめ、ここでしか使用されない単語がいくつか見られることは、この部分が伝承であることを示している。しかし、パウロはその伝承のなかに、「神の恵みにより」「無償で」「信仰をとおしての」という信仰義認論的な自らの句を挿入しながら、贖罪論一辺倒の理解を修正している。

さらにパウロは、神に選ばれ、神から律法を与えられたというユダヤ人の存在が、キリスト教の福音においてどのような意味を持つのかという問題を、体系的に論じようとする。自らもユダヤ人であったパウロは、神のユダヤ人への約束は不変であり、律法それ自体も「聖なるもの」であり（7章12節）、異邦人は自らの根源をユダヤ人に負っている、と語る。そして、神から見捨てられたユダヤ人たちも信仰義認論によって救われていくことは、すなわち「死者たち〔のなか〕からの生命（いのち）」にほかならず（11章15節）、彼らもまた最終的には救われるのだ、と語る（11章26節）。この手紙の隠れた宛先はエルサレムである、という仮説が主張される所以である。

第3章と第4章で詳述するが、信仰義認論とは通常、人は律法の行ないによってではなく、イエスをキリストと信じることによってのみ、神の前で義（正しい）とされると捉える理解である。しかしパウロは、「不信心〔で神なき〕者を義とする方（かた）」としての神を受容するという意味での信仰こそ、人を義とするのだ、と語る（4章5節）。旧約聖書のアブラハムやダビデにおいても、すでにその信仰義認は現実のものとなっていたのだ、と大胆にも語るのは、そのためである(4章1―8節)。

これはすなわち、神は太初の昔から変わることなく、人間に対してそのような関係をつねに保持してきたことを意味する。「太初の昔から変わることのない神」というこの理解は、パウロがこの手紙の冒頭部分で、「神についての目に見えないことがら、すなわち神の永遠の力と神性とは、世界の創造以来、被造物において理解されうることが認められている」(1章20節)と語る内容と軌を一にしている。したがって、ユダヤ人もまた、その関係を自ら絶とうとしないかぎり、神の救いの計画のなかに置かれている、とパウロは考えている。ただし、不信心な者を義とする神を、自らの言葉とわざとにおいて十全なかたちで明らかにしたのはイエスであること、それゆえにイエスはキリストなのだ、という信仰告白は堅持されている。

第3章　十字架の神学

1　イエスの最期

パウロは何が許せなかったのか

律法遵守に厳格であったファリサイ人パウロにとって、イエスを「メシア」あるいは「キリスト」として奉じる人々は目障りな存在であったにちがいない。ヘブライ語でメシア、ギリシア語でキリストは、「油注がれた者」すなわち「救い主」を意味する普通名詞である。「イエス・キリスト」と言えば、「イエスはキリスト、すなわち救い主である」という信仰告白になっている。キリスト教徒たちは、旧約聖書のなかで到来が預言されているメシアは、まさにイエスのことを指すのだ、と主張していた。

イエスは無条件で徹底的な神のゆるしを宣言した。それゆえに神の戒めである「律法」は、イエス・キリストの到来によって凌駕された。律法違反の罪をどう処理するのかという問題を最重要視するユダヤ教の捉え方は、もはや意味を持たない。キリスト教徒たちのそうした主張は、律法を遵守する者のみが救われるというユダヤ教の伝統的な教えとは、厳しく対立するものであった。

律法のなかにこそ神の絶対的な意志は示されているのであって、その律法を徹底して守り、律法に従って生きる者だけが、神によって「義なる者」(正しい者)とされる。そう信じて疑わなかったユダヤ教徒パウロにとって、キリスト教徒たちの主張は到底受け入れられるものではなかった——。

ローマのドミティラの地下墓地で発見された墓碑銘．IXThYS(イクテュス．ギリシア語で魚)は，Iesous Xristos Theou Yios Soter の頭文字の略で，「イエス・キリストは，神の子，救い主である」を意味する．魚はキリスト教徒の隠喩であった．Bruin und Giegel, Petrus der Fels, 1964 より．

パウロの生涯を描いた種々の伝記では、このように語られるのが普通である。だからパウロはキリスト教徒たちの迫害へと駆り立てられたのだ、というストーリーになっている。しかし、果たしてそうであろうか。パウロは生前のイエスとは会ったことがなく、その教説にもまだ詳しくふれてはいなかったはずである。新約聖書もまだ存在してはいない。そのような状況下で、パウロがキリスト教徒たちの主張を早くから詳細に、そして正確に理解していたとは考えにくい。

では、パウロはキリスト教徒たちの何にひどく反感を覚えたのであろうか。イエスは罪人として十字架につけて殺された。そのような者を「メシア＝キリストである」と主張する者たちがいる。そのことに対する反感と怒りが、パウロを迫害行為へと向かわせた主たる要因だったのではないか。筆者にはそう思われる。旧約聖書の〈申命記〉は、「木に架けられた者は神によって呪われている」と宣言している。キリスト教徒たちはその「木」、すなわち「十字架」につけて殺された呪うべき存在であるイエスを、よりによってメシア＝キリストだと主張していた。パウロにはそれが許せなかったのではないか。

心の内に現われたイエス

ところが、そのパウロが突如としてユダヤ教を捨て、イエスをキリストと信じるようになったのだから皮肉である。まさにミイラ取りがミイラになったわけだが、その経緯を新約聖書の〈使徒行伝〉は、大略次のように伝えている。

パウロがキリスト教徒たちを脅迫し殺害しようと企てていたところ、ダマスコス(現在のシリアのダマスカス)近郊で突然、天からの光がパウロを照りめぐらした。彼はその場で地面に倒れ伏す。そして「サウル(パウロのヘブライ名シャウール)、サウル、なぜ私を迫害するのか」という声を聞く。「あなたは誰ですか」と尋ねると、声の主は、「私はお前が迫害しているイエスである」と答えた。そのイエスはパウロに対して、立ち上がってダマスコスの町へ入るよう指示する。ところが、パウロはどういうわけか目が見えなくなっていた。そこで同行者と共にダマスコスの町に入ると、彼はアナニアというキリスト教徒と出会う。そして、そのアナニアに両手を自分の上に置いてもらったところ、たちまち目から鱗のようなものが落ちて(これが「目から鱗」の語源である)、パウロは再び目が見えるようになった。こうしてパウロはユダヤ教からキリスト教へと回心した(使徒行伝9章、22章、26章)。

これが今日のキリスト教会でも語り継がれている、いわゆるパウロの「回心物語」である。ところが、パウロの手紙のなかにこうした回心物語はまったく見られない。パウロは自らの体験を、「神からの啓示」として言葉少なに、しかも自分はエルサレム教会から独立していたのだという、別の事柄を言うための補足的な文章のなかで、次のように語るのみである。

〔神が〕〔次のことを〕よしとされた時、〔すなわち〕私が神の御子を異邦人たちのうちに〔救い主として〕告げ知らせるために、御子を私のうちに啓示することを〔よしとされた時〕、私はただちに血肉に相談することはせず、またエルサレムにのぼって私よりも前に使徒〔となった人〕たちのもとへ〔赴くことも〕せず、むしろアラビアに出て行き、そして再びダマスコスに戻った。（ガラテヤ人への手紙1章15―17節）

「〔御子を〕私のうちに〔啓示した〕」とは、「私に対して」の意味ではなく、「私の内側において」という意味である。つまり、客体としての超越者なる神が、パウロの内側において御子を啓示した、というのである。自分自身のなかに超越者が内在したことを、パウロはここで伝えようとしている。

パウロが彼の手紙のなかで自らの「回心」に言及している可能性のある箇所として、次のような文言もある。

神は「闇から光が輝くであろう」と言われる方だ……。その方は、［イエス・］キリストの面にある神の栄光を認識する光に向けて、私たちの心のうちで輝いてくださったのである。（コリント人への第二の手紙4章6節）

〈使徒行伝〉におけるのと同様に「光」への言及はあるものの、回心物語というよりは、やはりパウロ自身の心の内側での体験を告白したものとなっている。ここで、「闇から光が」とあるように、「神の栄光」が極めて逆説的に捉えられていることには注意が必要である。

イエスの最期についての資料

パウロの思想と生涯を知るための一次資料としては、第1章と第2章で紹介したように、パウロが伝道旅行の先々で各地のキリスト教会の信徒たちに宛ててしたためた、パウロの手紙がまず挙げられる。そして、それ以外の資料としてしばしば引かれるのが、最初期キリスト教の使徒たちの伝道活動について記録した〈使徒行伝〉である。

〈使徒行伝〉の著者が、〈ルカによる福音書〉を書いたルカと同一人物であることは、両文書の序の部分が明確に対応していること、また同一の文体と神学思想からして、疑う余地はない。ただし、ルカによる叙述内容については注意が必要である。第1章で述べたように、パウロの思想と生涯を再構成するための資料として、〈使徒行伝〉はしばしば信憑性を欠いているからである。ルカは、キリスト教がエルサレムからローマへと直線的に理想的に発展していくという、彼の理念的な救済史観に基づいてすべてを叙述している。さらにルカには、最初期のキリスト教会の内情や使徒たちの行動を、矛盾なく調和的に描こうとする傾向がある。さきに見たパウロの「回心物語」も、パウロ自身の簡潔な記述との対照が著しい。またルカには、ともするとイエスを美化して描く傾向もある。そのような傾向は、次のようにイエスの最期を描く際の筆致にも表われている。

そして彼らが「髑髏（どくろ）」と呼ばれている場所にやって来た時、そこで彼と犯罪者たちとを十字架につけた。一人を〔彼の〕右に、もう一人を〔彼の〕左に〔十字架につけた〕。〘するとイエスは言うのであった、「父よ、彼らを赦して下さい。彼らは自分が何をしている

か、わかっていないからです」。〛(ルカによる福音書23章33―34節)

さて、すでにほぼ第六刻(正午)になった。すると闇が全地を襲い、第九刻(午後三時)に及んだ。太陽が光を失ったのである。また、神殿の幕が真ん中から裂けた。するとイエスは、大声を挙げて言った、「父よ、あなたの両手に、私の霊を委ねます」。そしてそう言った後、彼は息絶えた。(同23章44―46節)

〚 〛で囲んだ部分は、重要な写本には含まれていないために、元来の〈ルカによる福音書〉には欠けていたのではないか、と今日ほとんどすべてのギリシア語原典の校訂本が推測している。筆者も同じ考えである。〈ルカによる福音書〉が書かれたのは紀元後九〇年代だと通常推定されているが、ルカが十字架上のイエスの最期を、人々への思いやりと愛に溢れ、神への信頼に満ちたイエスの言葉とともに描写しようとしたのは確かであろう。

他方、イエスの最期の情景描写は、〈マルコによる福音書〉のなかにも見られる。マルコは紀元後七〇年頃にそれを執筆した、と多くの研究者は考えている。ルカはその〈マルコによる福音書〉を下敷きにして自分の福音書を書いた(〈マタイによる福音書〉も同様。マルコ、マタイ、ルカによる三つの福音書は、「共に観る」ことができるという意味で「共観福音書」と総称される)。これは現在、広く一般的に認められており、新約聖書学においてはほとんど定説となっている(いわゆる「二資料説」)。その〈マルコによる福音書〉は、次のように、十字架上で殺されたイエスの悲惨と絶望を、より直接的に描き出す。

さて、第六刻(正午)になると全地を闇が襲い、第九刻(午後三時)におよんだ。そして第九刻に、イエスは大声で叫んだ、「エロイ、エロイ、レマ、サバクタニ」。これは訳せば、わが神、わが神、どうして私をお見棄てになったのか、という意味である。すると、傍らに立っていた者のうち何人かが、これを聞いて言い出した、「見ろ、エリヤを呼んでいるぞ」。そこである者が走って行き、海綿を酢で一杯にした後、葦〔の先〕につけ、彼に飲ませようとして言った、「エリヤがこいつを降ろしにやって来るかどうか、見てやろうではないか」。しかしイエスは大声を放って息絶えた。(マルコによる福音書15章33—37節)

イエスの最後の絶叫は、無力でみじめな男の絶望と悲嘆を表わす絶叫以外の何物でもない。聖書学者のなかには、このイエスの絶叫が旧約聖書の〈詩篇〉22篇の冒頭の句からの引用だからということで、イエスの絶望に疑問を投げかけたり、ルカと同様の神への信頼の言葉のように解釈する人もいる。しかし、神への信頼と解するならば、〈詩篇〉には他にも無数の適当な言葉がある。ここで大事なことは、自分がなぜ殺されなくてはならないのか、イエスには不可解でならなかったということである。イエスの発した言葉の意味を詮索する前に、苦悩と悲哀に満ちたイエスの心情をまず察することが先決であろう。マルコはイエスの心情を的確に捉えている、と筆者は考えている。

「十字架の神学」の核心

同じイエスの最期を描くにも、ルカとマルコの叙述には以上のような違いがある。それはルカとマルコの信仰理解の違いであり、イエスをめぐる物語にどのような宗教的メッセージを込めようとしていたのか、その執筆意図の違いでもある。パウロの手紙には、福音書のような記述はまったく見当たらない。パウロはわずかに三カ所で、「十字架につけられたままのキリスト」という言い方で「イエスの十字架」の姿かたちに言及しているのみである(コリント人への第一の手紙1章23節、2章2節、ガラテヤ人への手紙3章1節)。たとえば、次のような箇所がある。

一方でユダヤ人たちは徴(しるし)を求め、他方でギリシア人たちは知恵を追い求める。それに対して私たちは、十字架につけられたままのキリストを宣教する……。〔このキリストは、〕ユダヤ人たちにとっては躓きであり、異邦人たちにとっては愚かさであるが、しかし、召された者たち自身にとっては、ユダヤ人たちにとってであれギリシア人たちにとってであれ、神の力、そして神の知恵としてのキリストなのである。(コリント人への第一の手紙1章22―24節)

この引用文は、筆者がかつて翻訳した岩波訳聖書での訳文である。ただし今回、本書を執筆するに当たって、すでにこれまでも同じ主張を繰り返してはきたが、傍点の部分に修正を加えて、「十字架につけられてしまっているキリスト」としていたのを、「十字架につけられたままのキリスト」と訳し直すことにした。この「十字架につけられたままのキリスト」という言い表わし方に、パウロの「十字架の神学」の核心が隠されているからである。神からの啓示を受け、パウロの心の内に現われたイエス・キリストは、今もなお十字架につけられたまま、みじめで無残な姿をさらすイエス・キリストなのである。次の節では、その「十字架につけられたままのキリスト」について詳しく述べていこう。

2　十字架につけられたままのキリスト

生き続けるイエス

「十字架につけられたままのキリスト」とは、パウロ独自の極めて特異な表現である。その独特の意味を知る手掛かりは、ギリシア語で書かれたパウロの文章の文法的な用法にある。「十字架につけられたままのキリスト」と言う場合、パウロはつねに「十字架につけられたままの」を意味する分詞を、現在完了形で言い表わしている。ギリシア語の現在完了形は、完了した動作がもたらした状態、そしてその影響と結果が、今に及びつつなお継続している、ということを強く言い表わすための文法表現である。

その点では英語の現在完了形でもほぼ同様のことが言えるので、ここでは英語の場合を例にして考えてみる。たとえば、「私は部屋の鍵をなくした」という日本語を英語で言い換えてみよう。まずこれを「I lost my room key.」と過去形で言い表わしてみる。この表現は、「鍵をなくした」という過去のある時点での出来事を指している。一方、これを「I have lost my room key.」と現在完了形で言ったらどうだろうか。「鍵をなくして、今もまだ見つかっていない」という状態を指すことになる。

ギリシア語の現在完了形は、英語の現在完了形よりもさらに強く、完了した動作の生み出した状態が依然として継続中であることを言い表わす。パウロが手紙のなかで十字架刑につけられたキリストに言及するとき、彼は必ずこの現在完了形の分詞を用いている。単なる過去分詞（ギリシア語の場合はアオリスト分詞）は決して用いていない。過去分詞のほうが点的な動作としてイエスが十字架につけられたことを的確に言い表わせるにもかかわらず、である。

歴史的経過に従えば、イエスは十字架につけて殺されたのち、十字架から降ろされ、埋葬された。しかし、パウロが神から受けた啓示のなかでは、イエスはいまだに十字架につけられ殺害されたままの状態にあるのである。そのようなイエスは、「幻」の類いのなかで現われたイエス・キリストだったとしか考えられない。

現在最も普及している新共同訳聖書は、「十字架につけられたキリスト」と訳しており、原文のギリシア語の分詞が過去分詞なのか、現在完了分詞なのか、区別のつかない表現となっている。筆者の知るかぎり、「十字架につけられたキリスト」と正しく訳しているのは、一九一七年訳の文語訳聖書のみである。そこでは、一カ所のみだが、「十字架につけられ給ひしままなるイエス・キリスト」と訳されている(ガラテヤ人への手紙3章1節)。

イエスの殺害

こうして、パウロが出会ったイエス・キリストは、「十字架につけられたままのキリスト」であった。そのことを示唆する一節が、〈コリント人への第二の手紙〉4章6節から10節の部分にある。ここで重要なのは、「イエスの殺害」への言及である。さきに6節は引用したので冒頭の部分は重複するが、再び引用する。

神は「闇から光が輝くであろう」と言われる方だ……。その方は、［イエス・］キリストの面にある神の栄光を認識する光に向けて、私たちの心のうちで輝いてくださったのである。

さて私たちは、この宝を土の器の中にもっている。それは、力の卓越が神のものであって、私たちから〔出た〕ものではない〔ことが明らかになる〕ためである。私たちは、すべてにおいて苦しめられながらも、しかし窮地に追い込まれてはおらず、途方にくれながらも、しかし絶望してはおらず、迫害されながらも、しかし見棄てられてはおらず、投げ倒されながらも、しかし滅ぼされてはおらず、常にイエスの殺害をこのからだに負って〔歩き〕まわっている。それはイエスの生命もまた、私たちのこのからだにおいて明らかにされるためである。（コリント人への第二の手紙4章6―10節）

ここで注意してほしいのは、日本語に翻訳された聖書のほとんどが、傍点の部分を「イエスの死」と訳していることである。パウロは手紙のなかで、ギリシア語で「死」を意味する

「タナトス」という単語を頻繁に用いている。しかし、この傍点部分でパウロは、「タナトス」ではなく、「殺害」を意味する「ネクローシス」という単語をとくに用いている。したがって、ここは「イエスの殺害」と訳さなくてはならない。

では、なぜパウロはここで急に、「イエスの殺害」に言及しているのであろうか。聖書学者たちの間では、その理由が長らく疑問とされてきた。いまだ議論のあるところだが、パウロがここで「イエスの殺害」に言及しているのは、一つの重要な逆説、すなわち次に述べるような「十字架の逆説」を提示するためだったのではないか、と筆者は考えている。

十字架の逆説

パウロはさきの引用文の前半部で、神の与えてくれた啓示について、「その方は、「イエス・」キリストの面にある神の栄光を認識する光に向けて、私たちの心のうちで輝いてくださったのである」と述べている。この文章は文脈上、傍点を付した「イエスの殺害」という言葉につながっていく。つまり、「神の栄光」を体現するはずのイエス・キリストが、「殺害」というおぞましい言葉と結びつけて語られているのである。文章の難解さもさることとながら、読者はここに矛盾を感じ、大きな違和感を覚えるかもしれない。

しかし、ここではその「殺害」という言葉が実際に持っていた意味に注意する必要がある。この「殺害する」は、「十字架につける」ということを意味している。したがって、「十字架につけられたままのキリスト」と出会ったというパウロの回心の体験は、言い換えれば「殺害されたままの状態のキリスト」との出会いの体験でもあったのである。もしもパウロの回心をこのように解釈することが可能であるならば、「神の栄光」と「イエスの殺害」という、一見相容れない言葉をパウロが結びつけて語ることもうなずける。なぜならば、パウロはここで、十字架につけられ「殺害されたままの状態のキリスト」こそ「神の栄光」の体現者なのだという、「イエスの十字架」が持つ極めて逆説的な意味を語っているからである。

そしてパウロは、そのような逆説的な意味での「神の栄光」を「宝」と表現しながら、われわれキリスト者はその「宝」を、強靭な「鉄の器」ではなく、もろくて壊れやすい「土の器」のなかに持っているのだと説く。そのうえで、キリスト者としての生き様においては、「苦しめられながらも、しかし窮地に追い込まれてはおらず……」という、否定的な状態と肯定的な状態とが同時的に、すなわち逆説的に成立していることを語る。

神がパウロの心の内において啓示したイエス・キリストは、すでに殺されておりながら、今もなお生き続けている、という逆説的な存在であったのである。そのような逆説的な「イエスの生命」が、もろくて弱い「土の器」である私たちキリスト者の身体にも息づいていること、言い換えれば、私たち自身もまたイエスと同様に、十字架につけられたまま殺害されているのだということを、パウロは伝えようとしている。

このような内実を持ったパウロの回心は、それ以後のパウロ自身のキリスト者としてのあり方、すなわち「十字架の逆説」を担う使徒としてのあり方を、根底から規定していくことになった。「十字架につけられたままのキリスト」との出会いは、パウロの人生に重大な転機をもたらしたのである。

十字架刑の残酷さ

ここで少々話が逸れるが、イエスを殺害した十字架刑とはそもそもどのような処刑方法であったのか、一瞥しておくことにする。

十字架刑は、ローマ帝国では最も忌まわしく屈辱的な処刑方法とみなされていた。十字架はローマ人が他民族を殺す際に用いた処刑具であったが、古代においては、いわゆる「野蛮な」民族も広く一般に用いていた。もともとはペルシアに由来し、カルタゴ人の手を経てローマ人に伝えられたとする説もある。「十字架を負う」という表現は、初期キリスト教においてすでに、「死を覚悟し、苦難を引き受ける」という意味で理解されていたようである。

ローマ帝国は、この処刑方法を、奴隷の重罪者、ないしは属州の反乱者に対してのみ適用したので、イエスはローマ帝国に対する反逆者とみなされたことになる。刑の執行直前には、受刑者は激しく鞭打たれ、その後、十字架の横木を背負って町中を引きずられ、最後は町の外の刑場まで歩かされた。〈ヨハネによる福音書〉によれば、イエスもまた自ら十字架(おそらく横木のみ)を背負って市中を引き回されたという(19章17節)。

刑場にはすでに縦木が打ち立てられているのが常であった。伝えられる十字架の形は多様だが、受刑者が裸で柱ないしは杭に釘づけされるか、縛りつけられるかしたことは確かである。その際、両手・両腕を固定する横木が用いられる場合もあれば、横木はなく、ただ柱だけの場合もあった。前者の場合には、その横木に両手・両腕を縄か釘で固定し(釘の場合は手の甲ではなく、動脈を避けて手首に打ち込まれた)、そのまま柱に沿ってずり上げられ、足はそ

十字架刑．形はさまざまだが，時間をかけて絶命させる残忍さはいずれにも共通している．月本昭男・横山匡『目で見る聖書の時代』日本基督教団出版局，1994 をもとに作成．

の柱に固定された。その結果、外見はT字形となったか、あるいは、福音書が伝えるイエスの場合のように罪状書きが頭上に打ちつけられたとすれば、十字形となったはずである。

受刑者の衣類や所有物は刑吏のものとされ、受刑者は死に至るまで見張られた。一般に、絶命するまでには一日から二日を要し、受刑者の多くは窒息、ないしは失血性ショックによって死亡した。イエスの場合、共観福音書によれば六時間後に、〈ヨハネによる福音書〉によればそれよりも早く絶命したとある。受刑者に断末魔の苦しみをできる限り長く味わわせるのが目的の、極めて残忍な処刑方法であった。

「十字架につけられたまま」とは何か

刑死した者はただちに地中に埋めよというのが、律法に基づく当時のユダヤ社会における習わしであった。絶命した受刑者の屍は、通常、共同墓地に投げ込まれるか、禽獣（きんじゅう）の餌食にされた。イエスの場合には、アリマタヤのヨセフなる人物が彼の屍体を引き取って墓に納めたと伝えられる（マルコによる福音書15章43―46節）。それにもかかわらず、埋葬されたイエスが「十字架につけられたまま」とは、いったいどういうことなのであろうか。

パウロが「十字架につけられたままのキリスト」という言葉で伝えようとしていることは、十字架の上で無残な姿をさらし続けるイエスから目をそむけず、その無残な姿を深く心にとどめよ、ということであろう。なぜならば、神はそういう無残な姿をさらすイエスをこそ肯定しているのだと、パウロは捉えているからである。パウロの心の内において現われたのは、みじめで無残な姿になりながらも、復活のいのちを与えられ、十字架につけられたまま今もなお生き続けるイエスであった。「復活者」イエスは、まさに「十字架につけられたままのキリスト」であったのである。パウロが受けた啓示の内実は、そのようなイエス・キリストとの出会いの体験であった。

3　呪いこそ解放、そして祝福

律法の呪いからの贖い出し

では、十字架につけられたままのイエス・キリストは、パウロに何を語りかけたのであろうか。パウロは次のように述べている。

キリストは私たちのために呪いとなって、私たちを律法の呪いから贖い出してくださった。というのも、次のように書かれているからである。「木に架けられる者はすべて呪われている」。それは、キリスト・イエスにあってアブラハムの祝福が異邦人たちへと及ぶためであり、また私たちが信仰をとおして霊の約束を受け取るためである。（ガラテヤ人への手紙3章13―14節）

「贖い出す」とは耳慣れない言葉だが、これは古代の社会において金品と交換に奴隷を自由にする場合に使われた言葉で、「解放する」という意味がある。つまり、パウロはここで、「律法の呪い」にかかっていわば奴隷のような存在となっているわれわれ人間を、イエス自身がまさにその「律法の呪い」となることで解放してくれたのだ、と説いているのである。

「イエスが呪いとなる」とは何を意味しているのか。その意味を知るためには、この言葉の背景を知る必要がある。パウロは、イエスが「律法の呪い」から人間を解放する理由として、旧約聖書の〈申命記〉の一部を引用しながら、「木に架けられる者はすべて呪われている」からだ、と述べる。ここで、実際の〈申命記〉から該当する部分を引用してみよう。

> ある人に死刑にあたる罪があり、その人が処刑される場合、あなたはその人を木に架けなければならない。あなたはその死体を木の上に留め置いたまま夜を過ごしてはならない。あなたはその日のうちに、必ずその死体を葬らなければならない。〔木に〕架けられた者は、**神によって**呪われた者だからである。（申命記21章22—23節）

注意すべきは、〈申命記〉では「〔木に〕架けられた者は、**神によって**呪われた者だ」と言われているにもかかわらず、パウロは傍点をふった「神によって」という文言を削除している点である。このような聖書の文言の大胆な削除や改変は、パウロに特徴的なものである（一例として〈申命記〉30章11―14節と〈ローマ人への手紙〉10章6―8節とを比較されたい）。パウロはその「神によって」の文言を削除することで、イエスはむしろ「律法によって」呪われた存在なのであり、律法の埒外に投げ捨てられた存在なのだ、ということを示そうとしている。そして、イエスが十字架につけられ、「律法によって」呪われた存在となったことで、「律法の

ローマの丘パラティーノにあった皇帝直属の将校養成幼年学校跡から見つかった落書き．「アレクサメノスは神に祈る」とある．十字架につけられたロバの頭をした男に，投げキスをしながら祈る同僚を揶揄したものだろう．ユダヤ人は神殿でロバを拝んでいると揶揄されたが，キリスト教徒も同様の戯画化の対象であった．キリスト教徒迫害時の200年代初頭のものと思われる．「十字架」がどのように受け止められていたかを示しており，興味深い．Bruin und Giegel, Petrus der Fels, 1964より．

下で奴隷となっているわれわれ人間は解放され、祝福されたのだ」と言おうとしている。

このような「呪いこそ解放、そして祝福」というパウロの理解は、きわめて逆説的である。〈申命記〉が厳しく言い渡しているように、当時のユダヤの人々にとって「木」(十字架)に架けられた死体は忌むべきもの、「神によって」呪われた存在であった。十字架上で刑死したイエスを目撃したユダヤの人々は、その凄惨な死に様を見て、この掟を想起したに違いない。ところが、その忌むべき、「神によって」呪われた存在であるはずのイエスが、われわれを「律法の呪い」から解放し、祝福をもたらすのだ、とパウロは説いているのである。

「十字架」と「死」の区別

「イエスの十字架」と聞けば、キリスト教徒の多くはただちに「イエスの贖罪(しょくざい)」を連想するのではないだろうか。「イエスの贖罪」とは、神の子イエスが自ら十字架上で血を流すことによってわれわれ人間の罪を贖ってくださったのだ、という考え方のことである。

そうした「贖罪」の概念についてはこれから詳しく考えていくが、その前にひとつ確認しておくべきことがある。それは、イエスの「十字架」とイエスの「死」とは、厳しく区別されなくてはならない、ということである。イエスの「死」という名詞、ないしはイエスが「死ぬ」という動詞が、「贖罪」の概念と強く結びつく言葉である一方、「十字架」という名詞、ないしは「十字架につける／つけられる」という動詞は、「贖罪」の概念とは決して結びつかない言葉だからである。

たしかに、新約聖書のなかには「イエスは私たちの罪のために、死んでくださった」、あるいは「イエスの死は、罪の贖いであった」といった、イエスの「死」を「贖罪」の概念と結びつけた記述は存在する。しかし、「死」と「十字架」を入れ換えて、「イエスは十字架にかかって、私たちの罪のために死んでくださった」、あるいは「イエスの十字架は、罪の贖いであった」というような記述は、聖書のどこを捜しても存在しない。つまり、「死」と「十字架」は互いに交換できない言葉であり、区別して使う必要がある言葉なのである。

では、聖書にはなぜ、「イエスは十字架にかかって、私たちの罪のために死んでくださった」という記述は見られないのだろうか。それはおそらく、「十字架」が、あまりにも残忍で悲惨な処刑道具だったからである。最初期のキリスト教徒たちにとって、イエスの陰惨な殺害(ネクローシス)を想起させる「十字架」という言葉が、「救い」や「ゆるし」に直接的につながる「贖罪」の概念と結びつくことなど、ありえなかったであろう。現代のように十字架をシンボルとして教会堂に高く掲げたり、ネックレスにして身につけたりするのを見たら、彼らは大いに驚き、恐れおののくにちがいない。「十字架」は残酷さと恐怖の象徴だったからである。

これまで述べてきたように、「十字架」という言葉には、パウロの「十字架の逆説」が深く関わっている。したがって、「十字架にかかって」のように、「十字架」という言葉を含む記述がなされる場合には、イエスの「贖罪」とは関係なく、むしろイエスの「十字架」が持つ逆説的な意味で肯定的な、すなわち「十字架の逆説」が含意されている。

このあと本章第4節で詳しく述べるように、最初期キリスト教会のユダヤ主義的な人々や、ヘレニズム的な霊的熱狂主義者たちは、イエスの「十字架」を、「弱さ」「愚かさ」「躓き」「呪い」のように、単に否定的な意味で捉えていた。ところが、パウロはそれを裏返して、「弱さこそが強さ」「愚かさこそが賢さ」「躓きこそが救い」「呪いこそが祝福」というように、イエスの「十字架」を、逆説的な意味で肯定的に捉え直した。

パウロが伝えようとしているのは、イエスの死を「贖罪」とみなす捉え方では「救い」や

「ゆるし」を十分には語りえないということ、そして、それを十分に語りうるのは、イエスの「十字架の逆説」のみなのだ、ということである。それゆえに、さきほど125頁で引用した〈ガラテヤ人への手紙〉の箇所では、「贖罪」の概念ではなく、「呪いこそが祝福」という「十字架の逆説」が貫徹されているのである。「贖罪」の概念について考える際には、その対極にある「十字架の逆説」をつねに念頭に置いておく必要がある。

「贖罪」とは何か

では、「贖罪」とは何であろうか。「贖罪」という概念の根本には、多くの者が救われるためには、誰かが「身代わりの犠牲」(スケープゴート)にならなくてはならない、というような「代理」あるいは「代償」という考え方がある。そのような考え方は、世界の多くの宗教に大なり小なり共通するものであるが、ユダヤ教においてはとくに、人間の罪のための供犠(くぎ)という捉え方とともに典型的なかたちで展開されてきた。

ユダヤ教では、まず神の絶対的な戒律としての律法があり、それを犯す人間の律法違反の罪がある。そして、そのような罪の贖い(ゆるし)のためには、供犠が必要となる。供犠とは、簡単に言えば「生け贄（にえ）」のことである。そうした生け贄を神に差し出して、自分たちが犯した罪に対する罰を代理して受けてもらい、その代わりに自分たちは神からの罪のゆるしをもらう。こうした贖罪論は現代のキリスト教会でも広く共有されているが、もともとは律法違反の罪の贖いをめぐるユダヤ教の法律的な議論であった。

ユダヤ教における律法違反の罪とは、厳密に言うと、一つ、二つと数え上げることができる複数の「罪々」である。それらの「罪々」を贖うために、何らかの供犠、代償が必要とされる。旧約聖書によれば、人間の「罪々」は、贖罪の儀式のなかで子牛や山羊の血を神殿の祭壇に振りかけることによって贖われる。たとえば、旧約聖書の〈レビ記〉では、そのような儀式の次第が事細かに述べられている（とくに16章11―15節）。イエスが十字架上で流した血を「究極の代償」として理解する「イエスの贖罪」という考え方は、こうしたユダヤ教の贖罪論の延長線上にある。

パウロも手紙のなかで、そうした「イエスの贖罪」に言及している。しかし、それらのほとんどは、ユダヤ的な伝統を保持している伝承からパウロが引き継いだものである。たとえば、〈ローマ人への手紙〉のなかには、「贖罪の供え物」（ヒラステーリオン）や「贖い」（アポリュトゥローシス）といった、極めて贖罪論的な用語が使われている箇所がある（3章24―25節）。一見すると、パウロはそこでユダヤ的な贖罪論を自ら展開しているように見えるが、実はそうではない。パウロは、「キリストは律法の終わりとなられた」（ローマ人への手紙10章4節）との理解を基に、神が人を義とする（正しい者と認める）のは、律法を正しく守って贖罪の儀式をなす「行為」によってではなく、ただ「信仰」によってなのだと考えている。神学研究の用語で言えば、行為義認論ではなく、信仰義認論を展開しているのである。

「義なる方」である神

旧約聖書（ユダヤ教の正典）では、神は「義」（ヘブライ語でツェデク、およびツェダーカー）を貫く存在であることが強調される。とくにパウロによって、その「神の義」という概念は、イエス・キリストにおける神の終末論的な救済の業（わざ）を意味する、と理解されるようになった。そのような意味での「神の義」について、パウロは、彼の真筆の手紙で合計一〇回言及している。なかでも、さきほどふれた「贖罪の供え物」や「贖い」という贖罪論的な言葉が現われる〈ローマ人への手紙〉での記述が重要である。パウロはそこで、信仰による義の実現について次のように述べている。

しかし今や、律法なしに、〔しかも〕律法と預言者たちとによって証しされて、神の義が明白にされてしまっている。〔すなわち〕イエス・キリストへの信仰をとおしての、〔そして〕信じるすべての者たちへの、神の義である。実際、〔そこでは〕差別は〔まったく〕ない。すべての者が罪を犯したからであり、〔そのゆえに〕神の栄光〔を受けるの〕に不十分だからである。〔むしろ〕彼らは神の恵みにより、キリスト・イエスにおける贖いをとおして、無償で義とされているのである。神はその彼〔イエス〕を、信仰をとおしての、〔また〕彼〔イエス〕の血による、贖罪の供え物（ヒラステーリオン）として立てた。〔それは〕すでに起きてしまった罪過を見逃すことによって、神の義を示すためであった。〔それは〕神の忍耐するところであり、今この時に神の義を示すことをめざしてのことであった。それによって、神は義なる方であり、イエスへの信仰によって〔生きる〕者を義とする方である、ということ〔が明らかになったのである〕。（ローマ人への手紙3章21―26節）

ここでパウロは、律法を遵守する人間の行為には依らないという意味で「律法なしに」、しかし旧約聖書との連続性は失なわないという意味で「律法と預言者たちとによって証しされて」、「神の義」は明らかになった、と語っている。パウロは、ユダヤ的な贖罪論を色濃く反映する「ヒラステーリオン」(贖罪の供え物)など、ユダヤ教の伝承定型の用語を敢えて使いながら、神は「すでに起きてしまった罪過を見逃すことによって」義を示したのだ、と説く。パウロにとって神とは、律法を遵守できない不信心で神なき者をこそ義とする、そういう存在なのである。

このように神が「義なる方」であることは、イエス・キリストの「贖いをとおして」、しかも「彼の血による、贖罪の供え物」としてのイエスをとおして明らかになったことだ、と語っている限り、たしかにパウロもユダヤ教の贖罪論の伝統の延長線上にいることになる。しかし、このくだりだけを取り出して、パウロをあたかも贖罪論の代表者であるかのように解釈するのは誤解である。むしろパウロはここで、傍点を付した「神の恵みにより」「無償で」「信仰をとおしての」という文言を意図的に挿入することによって、パウロ独自の信仰義認論へと議論をつなげていくのである。

実際、パウロは、続く〈ローマ人への手紙〉の4章のなかで、旧約時代のアブラハムやダビデを取り上げ、彼らを不信心で神なき者の典型としながらも、「わざを為すことのないままで」「わざによらずに」神は義とするのだ、と述べている(1—8節)。つまり、パウロのなかでは、キリスト以前の天地創造の太初の昔から、神はつねに「義なる方」としてあり続けており、イエス・キリストの「贖い」以前からも、「律法なしに」人を義とする方なのだ、という考え方が同時に並存しているのである。

律法とは何か

では、パウロの信仰義認論で説かれるところの「律法なしに」という言葉には、どのような意味があるのだろうか。それを知るには、そもそも「律法とは何か」についてまず知らなくてはならない。

ユダヤ教において律法とは、単なる「神からの戒め」ではなく、神からの啓示のすべてを意味した。律法はヘブライ語で「トーラー」と言う。トーラーとは具体的に「モーセ五書」、すなわち〈創世記〉〈出エジプト記〉〈レビ記〉〈民数記(みんすう)〉〈申命記〉の全体を指す。しかし、律法の内容は、これらモーセ五書に記された文言のみに限定されず、勧告、神学的告白、物語、礼拝内容など、ユダヤ教徒の日々の営みのすべての領域に及び、口伝伝承をも含んでいた。ユダヤ教徒にとっては、宗教的法律、市民的法律、哲学的教えの間に区別はなく、そのすべてが律法のなかに含まれている。したがって、自らの生活のすべてを律法に沿ったものにすることが、彼らにとっては最重要なことであった。

しかし、こうしたユダヤ的な生のあり方は、ともすれば律法主義的で独善的な、硬直した自己義認に陥りやすい。律法は罪を来たらすと捉えながらも、律法そのものを完全には否定しないで、「聖なるもの」(ローマ人への手紙7章12節)と両義的に捉えたパウロであったが、自己義認をもたらす律法の弊害については、終始厳しく批判してやまなかった。実際、かつてファリサイ派の過激なユダヤ教徒であったパウロには、そのような自己義認に陥っていた過去がある。ところが、「十字架のイエス」との出会いを機にその非に気づいたパウロは、自らの律法理解を自己批判するかたちで、彼独自の信仰義認論を展開していった。「律法なしに」というパウロの言葉は、律法遵守は神の義を受けるために必要な、唯一絶対の条件ではないのだ、ということを伝えようとしているのである。

罪とは何か

〈ローマ人への手紙〉のなかでパウロは、「私は、律法をとおしてでなければ、罪を知ることはなかったであろう」と述べている(7章6節)。その「罪」を言い表わす単語として、パウロはギリシア語の「ハマルティア」を使っている。「ハマルティア」はもともと「的外れ」を意味する言葉で、神からの離反、神なしでも生きられると考える人間の思い違いを指す。

一般に、この「ハマルティア」が複数形で表わされるときは、あれこれと数え上げられる具体的な律法違反の「罪々」を指す。パウロもまた、旧約聖書を引用する場合、またユダヤ主義的な捉え方をしている〈コリント人への第一の手紙〉15章3節以下のような、最初期キリスト教の信仰告白定型(ケーリュグマ)に言及する場合、あるいはユダヤ人に関連した文言を記す場合には、「ハマルティア」を複数形で用いている。ところが、こうしたユダヤ的な伝承の引用箇所の翻訳の仕方が、パウロは贖罪論に対して肯定的だった、という誤解を生んできた。たとえば、新共同訳の聖書には次のような箇所がある(括弧内は筆者の補足)。

最も大切なこととしてわたし（パウロ）があなたがた（コリントの人々）に伝えたのは、わたしも受けたものです。すなわち、キリストが、聖書（ユダヤ教の聖書）に書いてあるとおりわたしたちの罪のために死んだこと、……。（コリント人への第一の手紙15章3節）

ここで「最も大切なこととして」と訳されているギリシア語の「エン・プロートイス」は、英語で言えば「first of all」すなわち「まず第一に」という意味の言葉である。つまりパウロは、順番的に「まず第一に」伝えたと言っているのであって、内容的に「最も大切なこととして」伝えたと言っているわけではない。参考に、筆者による訳文を示しておく。

なぜならば、私はあなたがたに、まず第一に、私も受け継いだことを伝えたからである。すなわち、キリストは、聖書に従って、私たちの罪々のために死んだこと、……。

ここで「罪々」と訳したのは、「ハマルティア」が複数形であることを明確に示すためである。パウロは真筆の七つの手紙のなかで、「ハマルティア」というギリシア語を合計五九回使っているが、そのうち複数形で用いているのは七回のみで、あとの五二回はすべて単数形である。旧約聖書やユダヤ的な伝承の引用ではなく、パウロが自分自身の言葉で自分の考えを述べる文章のなかでは、「ハマルティア」は必ず単数形で使われている。そして、その単数形の「罪」は、贖罪論とは決して結びつけられていない。

この事実は何を意味するのだろうか。パウロにとって「罪」とは、ユダヤ的な贖罪論と結びつくような複数形の「罪々」ではなく、もはやそれ以上には分割することのできない罪、言い換えれば、神の前における人間の根源的な倒錯を意味している。すなわち、神の被造物にすぎない人間が、あたかも神であるかのごとくに振る舞う傲慢さ、ギリシア思想において重要な役割を果たしてきた言葉で言えば、「ヒュブリス」の罪を指しているのである(ただし、パウロがヒュブリスの語をそのような意味で使用しているわけではない)。

律法とは本来、神の意志を反映するもの、その意味で「聖なる」ものであった。ところが、ユダヤ教の指導者たちは、傲慢にもその意味を正確に我がものにできると思い込み、自分たちの解釈を絶対化していった。つまり、律法を遵守することによって神の意志を手中にすることができると思い込んだのである。実際、イエスが十字架に追いやられたのは、彼が神の「無条件のゆるし」を宣言しつつ、ユダヤ教の指導者たちのそのような姿勢を厳しく批判したからであった。

パウロが「罪」として捉えているのは、傲慢にも神の前で律法についての自らの理解を絶対化して、イエスをさばき、さらにはイエスを死に追いやってもなお、自らの所行を神の名において正当化するような者たちの、倒錯した生のあり方である。パウロにとって、そうした自己義認と自己欺瞞こそが「律法の呪い」であった。そして、イエスと同様に、パウロ自身もまた、そうした「律法の呪い」の下にあるとしか言えない者たちからの挑戦に直面し、彼らの主張と戦わなくてはならなかったのである。

4 「弱さ」を生きる

「弱さこそ強さ」という逆説

パウロがしばしば「最初の神学者」と呼ばれるのは、イエスの死をどう受け止めるかという問題において、「十字架」というイエスの「死」の具体的なかたちに徹底的にこだわりながら、「イエスの十字架」が持つ意味を深く問い続け、考え抜いたからである。これまで述べてきたように、パウロの思索の根底には、回心に際しての「十字架につけられたままのキリスト」との出会いの体験があった。

ところが、最初期のキリスト教会、とくにエルサレム教会のユダヤ主義的な信仰理解を奉じていた者たちはもちろんのこと、その影響下にあった人々にとって、「イエスの十字架」はあまりに無残で酷たらしく、かつ弱々しく、目を背けたくなるものであった。なぜならば、彼らは光り輝く神々しいイエス・キリストを、すなわち堂々として力強く、次々と奇跡を起こしてこの世に絶大な力を直接的に及ぼす、いわば超人のようなイエス・キリストを待望していたからである。十字架上で無残な姿をさらすイエスを、彼らは到底受け入れることができなかった。

パウロが〈コリント人への第一の手紙〉を執筆したあと、コリント教会のみならず、ガラテヤの諸教会にも、エルサレムから派遣されたユダヤ主義的キリスト者(ヘブライスト)たちが侵入してきていた。彼らヘブライストは、割礼をはじめとするユダヤの律法を遵守して初めて人は真のキリスト教徒になれるのだ、と主張した。パウロの論敵は、かつての自分のようなキリスト教徒を迫害するユダヤ教徒ではなく、むしろ傲慢にも、自らを卓越した「強いキリスト教徒」とみなしていたユダヤ主義的なキリスト者たちだったのである。

彼らヘブライストの考え方によれば、律法の遵守は「業績」とみなされる。自らの力と業績を頼んで生きていくそのような生き方は、一見すると「強い」生き方のように見える。そのため、パウロの伝道によってキリスト者となった異邦人信徒たちの多くも、彼らの影響を受けて、「強い生き方」に傾いていた。パウロはそれを嘆いて、次のように語っている。

〔あなたがたのところに〕やって来る者が、私たちが宣べ伝えもしなかった他のイエスを宣べ伝えても、あるいはあなたがたが受けたことのない異なった霊をあなたがたが受け〔ることになっ〕ても、さらにはあなたがたが受け容れたことのない異なった福音を〔あなたがたが受け容れることになっても〕、あなたがたはよくも忍従している……。(コリント人への第二の手紙11章4節)

パウロは、信徒たちの待望する超人イエスは「他のイエス」だと言って批判する。また、ヘブライストたちの説く福音を「異なった福音」だと言って糾弾する。一方、パウロ自身はあくまでも、イエスが十字架の上で無残に殺されたことにこだわり続ける。それがどんなに無残で酷たらしいものであっても、否、無残で酷たらしいものだからこそ、神は「イエスの十字架」を肯定しているのだ、とパウロは逆説的に捉えているからである。

「イエスの十字架」は、精神と生活のすべてを律法に深く規定されていたユダヤの人々にとっては、神による「呪い」であり、「躓き」であり、「愚かさ」であり、「弱さ」であった。しかし、パウロはそのような理解を完全に裏返し、「イエスの十字架」の示す呪いこそが「祝福」であり、躓きこそが真の「救い」であり、愚かさこそが真の「賢さ」であり、弱さこそが真の「強さ」なのだ、と逆説的に捉えているのである。

両面作戦を戦う

このようなパウロの逆説的な理解は、ヘブライストたちに対してだけでなく、「すでに自分たちは霊において救われてしまったのだ」と主張する、コリント教会やフィリピ教会に見られる「霊的熱狂主義者」たちに対しても向けられていた(〈コリント人への第一の手紙〉の解説を参照)。自らを「すでに救われてしまっている」と標榜する霊的熱狂主義者たちの主張は、異邦人キリスト教徒のヘレニズム的な装いをとりながらも、その根底においてはヘブライストたちの傲慢と同じ性質のものだったのである。フィリピ教会においてそうであったように、この両者が互いに並存可能だったのはそのためである(〈フィリピ人への手紙〉の解説を参照)。

つまりパウロは、ユダヤ主義的な主張とヘレニズム的・霊的熱狂主義的な主張の双方に対して、「両面作戦」をとらざるをえなかった。さきに引用した〈コリント人への第一の手紙〉の1章22節以下において、「十字架につけられたままのキリスト」を「躓き」と捉えるのはユダヤ人たちであり、これを「愚かさ」と捉えるのはギリシア人たちである、とパウロが批判するのは、その両面作戦を戦わざるをえなかった彼の苦しい状況を映し出している。しかし、パウロはこれらの論敵たちを向こうに回して、キリスト教徒の歩むべき道と生のあり方は、イエスの「十字架の逆説」によって規定されているのだ、と力を込めて説いた。この主張こそ、パウロの「十字架の神学」の核心である。

異邦人の告白の逆説

パウロによる「イエスの十字架」の逆説的な理解は、さきに引用した〈マルコによる福音書〉が描くイエスの最期の情景にも表われている。再び引用してみよう。

しかしイエスは、大声を放って息絶えた。すると神殿の幕が上から下まで、真っ二つに裂けた。また、彼に向かい合って立っていた百人隊長は、彼がこのようにして息絶えたのを見て言った、「ほんとうに、この人間こそ、神の子だった」。（マルコによる福音書15章37―39節）

十字架の上で絶叫して息絶えたイエスを見て、処刑を執り行なったローマの百人隊長が、「ほんとうに、この人間こそ、神の子だった」とつぶやく。福音書の著者であるマルコは、この場面を、「イエスの十字架」を目撃した異邦人が思わず吐露した、逆説的な信仰告白として描いているのである。

イエスの最後の絶叫は、すでに述べたように、イエスの絶望と悲嘆を表わす絶叫以外の何物でもない。そして、イエスがどんなに大声で叫ぼうとも、奇跡は起こらなかった。それにもかかわらず、不信心で神なき者であるはずのこの異邦人が、ただのみじめな男にしか見えないイエスのなかに、「神の子」を見た。〈マルコによる福音書〉は、その逆説を伝えようとしているのである。しかも、異邦人であるローマの百人隊長がイエスを「神の子」と告白する一方で、自他ともに信仰深いと認めていたユダヤ教の指導者たちは「神の子」を十字架に追いやるという、もう一つの逆説をもマルコは伝えようとしている。

マルコは、このような二重に逆説的なメッセージをどこから受け取ったのであろうか。筆者は、マルコはパウロの手紙を読み知っていたのではないか、と考えている。さきに述べたように、パウロは〈ローマ人への手紙〉の4章で、アブラハムとダビデの例を取り上げながら、イエス・キリストをまったく登場させずに、信仰義認論を太初の昔から成り立つ法則として展開している(1―8節)。マルコも同様に、彼の福音書の十字架の場面に続く最終章の16章で、イエスをまったく登場させずにイエスの復活を描くという、逆説的な記述の仕方を採っている(マルコによる福音書16章1―8節)。マルコは「復活のイエス」についても、さきに述べたパウロ独特の、現在完了形の分詞を用いた「十字架につけられたままのイエス」という表現でもって言及している（16章6節）。「イエスの十字架」を目撃したローマの百人隊長の逆説的な信仰告白も、パウロの言う「不信心で神なき者」の信仰義認と同じ構造を持つものである。それゆえに、マルコが、パウロの手紙からメッセージを受け取って、彼の福音書を執筆した可能性は、十分にあると考えられる。

弱さゆえの十字架

身体に何らかの障害を負っていたパウロは、その障害が自分の身体から離れ去るようにと、主＝イエス・キリストに三度懇願した。その際、彼に与えられた復活の主からの言葉を、パウロは次のように記している。

するとと主〔イエス・キリスト〕は、私に言われたのである。「私の恵みはあなたにとって十分である。なぜならば、力は弱さにおいて完全になるのだからである」。そこで私は、むしろ大いに喜んで自分のもろもろの弱さを誇ることにしよう。それは、キリストの力が私の上に宿るためである。それだから私は、もろもろの弱さと、侮辱と、危機と、迫害と、そして行き詰まりとを、キリストのために喜ぶ。なぜならば、私が弱い時、その時にこそ私は力ある者なのだからである。（コリント人への第二の手紙12章9節b―10節）

ここで重要なのは、復活のイエスは「力は弱さにおいて完全になる」という言葉を今もなお語り続けている、ということである。原文のギリシア語では「私に言われたのである」の「言われた」は、現在完了形で表現されている。つまり、復活のイエスが語ったその言葉は、依然としてパウロの耳に響き渡っているというのである。

神がパウロの心の内において啓示したイエス・キリストは、すでに殺されておりながら、今もなお生き続けている、という逆説的な存在であった。「十字架につけられたままのキリスト」は、「力は弱さにおいて完全になる」との逆説を語るのにまさにふさわしいあり様を、今もなお取り続けているのである。それゆえに、身体に障害を負ったパウロは、弱いからこそ力強く生きられるという「逆説的な生」を生きる点で、「十字架につけられたままのイエス」と並行関係にあった。

このようなパウロとイエスの間の並行関係は、パウロがアテネでの伝道に失敗して失意のうちにコリントに赴いたときについての記述のなかにも見出される。

> 私もまた、あなたがたのところに行った時、兄弟たちよ、言葉の、あるいは知恵の卓越さとは異なる仕方で〔あなたがたのところに〕行って、神の奥義をあなたがたに宣べ伝えた。なぜならば私は、あなたがたのうちにあっては、イエス・キリスト、しかも十字架につけられたままの方以外には何事も知ろうとはしない、という決断をしたからである。私もまた〔十字架につけられたままのイエスと同様に〕、弱さと、そして恐れと、そして多くのおののきの中にあって、あなたがたのところに行ったのである。（コリント人への第一の手紙2章1―3節）

ここでパウロは、「十字架につけられたままのキリスト」に再び言及しつつ、自分自身もまた「弱さと、そして恐れと、そして多くのおののきの中に」あったと述べている。つまり、「十字架につけられたままのキリスト」と同様に、自分自身もまた弱い存在なのだと吐露している。そして、そういう自分と同様に弱い存在であるキリストを知ることこそが、「神の奥義」であり、また本当の意味での「知恵」であり「賢さ」なのだ、と語っているのである。このようなパウロの主張を正しく捉えるためには、ほとんどの聖書訳が無視している傍点を付した二回の「私もまた」(ギリシア語のカゴー)を、原文に忠実にそのまま訳すことが極めて重要である。さらに、そう語ってきたうえで、実に驚くべき語り口だが、パウロは次のように指摘する。

事実、キリストは弱さのゆえに十字架につけられたが、しかし彼は〔今〕、神の力によって〔力強く〕生きておられるのである。(コリント人への第二の手紙13章4節)

「弱さのゆえに」とは、いったいどういう意味なのであろうか。自らの弱さが「原因」でイエスは十字架につけられた、という意味ではおそらくないだろう。あるいはパウロは、〈マルコによる福音書〉に描かれているようなイエスの絶望的な最後の絶叫について、何らかの伝承を聞き知っていたのであろうか。確たることは言えないが、パウロの言う「弱さ」とは、「十字架につけられたままのイエス」と密接に関連しているものと考えられる。イエス・キリストはいま「神の力によって力強く生きておられる」と語ることができたのは、「イエスの十字架」が持つ逆説的な意味合いにパウロが気づいていたからである。

正反対のパウロ?

しかしここで、聖書をよく読んでいる読者は、「パウロの手紙にはそれと正反対のことも書いてありますよ」と言われるかもしれない。ほとんどすべての日本語訳聖書がそのように翻訳しているからであろう。たとえば、新共同訳からその箇所を引用する。

あなたがたはキリストがわたしによって語っておられる証拠を求めている……。キリストはあなたがたに対しては弱い方ではなく、あなたがたの間で強い方です。(コリント人への第二の手紙13章3節)

「弱いからこそ強い」という逆説を語ってきたパウロが、ここではたしかに「弱くはなく、強い」と、まるで正反対のことを言っている。しかしこれは、原文で「キリスト」に懸かっている関係代名詞ホス（英語ならばwho）を、先行詞から切り離して訳してしまったために生じた誤解である。「キリストはあなたがたに対しては弱い方ではなく、あなたがたの間で強い方です」と言うときの「あなたがた」とは、パウロの論敵たちのことを指す。ここでパウロがわざわざ「あなたがたに対して」「あなたがたの間で」と規定しているのは、そのキリスト像は「あなたがた」のものであって自分のものではない、と峻別しておきたいからである。したがって、先行詞と関係代名詞でつながっている文章は、切り離さずにつなげて訳さなくてはならない。岩波訳聖書の筆者の翻訳を引用して比較してみよう。

あなたがたに対して弱くはなく、むしろあなたがたのうちにあって力ある者であるキリストが私のうちにあって語っておられる〔ということの〕証拠を、あなたがたは熱心に求めているからである。（コリント人への第二の手紙13章3節）

このように翻訳すれば、「弱くはなく、強いキリスト」を標榜するヘブライストたちによるパウロへの批判が鮮明になると同時に、パウロの「弱いからこそ強い」という逆説の主張もまた正確に表現できる。そして、この逆説的な論理を踏まえれば、この直後に続く、さきに引用した「弱さのゆえに」(13章4節)についての疑問も解ける。イエス・キリストがいま「神の力によって〔力強く〕生きておられる」のは、彼の強さのゆえにではなく、むしろ逆に彼の「弱さのゆえに」なのである。パウロが一貫して強調する「弱さ」と「強さ」の間の逆説的な関係を、多くの聖書訳のように誤り取ってはならない。

イエスの言葉の反映

「イエスの十字架」をどう捉えるかという問いは、パウロにとっては、キリスト教徒としていかに生き、歩んでいくかという、生き方の問題でもあった。そして、キリスト教徒としてのパウロの生き方を根底から支えていたものは、やはりイエスの言葉であった。たとえば、〈コリント人への第二の手紙〉には、次のような一節がある。

私たちは、人を惑わす者でいて、同時に真実な者であり、人に知られていない者でいて、同時に認められた者であり、死んでいる者でいて、同時に、見よ、生きており、懲らしめられている者でいて、同時に殺されることのない者であり、悲しんでいる者でいて、しかし常に喜んでいる者であり、貧しい者でいて、しかし多くの人を富ませる者であり、何ももたない者でいて、同時にすべてをもっている者である。（コリント人への第二の手紙6章8節c—10節）

ここで注目すべきは、傍点をふった箇所の言葉には、次に示すような、生前のイエスが語った、逆説的かつ無条件で徹底的なゆるしの福音が反映されていることである。

さいわいだ、悲しんでいる者たち、／その彼らこそ、慰められるであろうから。
（マタイによる福音書5章4節）

さいわいだ、貧しい者たち、／神の国はそのあなたたちのものなのだから。
（ルカによる福音書6章20節）

生前のイエスに会ったことがないパウロは、イエスの言葉にはまったく関心がなかった、という有力な学説もある。しかし、右に引用したパウロの言葉には、「弱さ」を担って生きる者たちへの共感に満ちたイエスの言葉が、明らかに反映されている。パウロは、イエスの言葉に深く思いを馳せていたのである。考えてみればそれは当然のことで、イエスの「十字架」によって規定されているとパウロが考えているキリスト者としての生のあり方のなかに、その「十字架」を惹き起こした要因であるイエスの逆説的な福音が反映されていないはずはないからである。

「強い」生き方への警鐘

パウロは〈ガラテヤ人への手紙〉のなかでも、現在完了形を使って、「私はキリストとともに十字架につけられてしまっている」と語っている(2章19節)。すでに述べたように、イエス自身が「十字架につけられたままのキリスト」であるからこそ、われわれ自身もまた十字架につけられたままなのである。「イエスの十字架」がもしも「贖罪」を意味するとしたら、われわれがその「十字架」をイエスとともに担うことはありえない。そのようなイエスは

「他のイエス」、すなわち人間の罪を一身に引き受けて悠然と死んだという、ヘブライストたちが奉じるような「強い」イエスである。そうではなく、むしろ、われわれ自身もまた「十字架につけられたままのキリスト」とともに十字架につけられながら、苦難の生を生きていくべきではないか、とパウロは考えている。パウロはこう記している。

私にとっては、私たちの主イエス・キリストの十字架以外のものを誇ることは、断じて

ポンペイ近郊ヘルキュラネウムのローマ式アパートの部屋から発掘された十字架の跡．はめ込まれていた木製の十字架は，紀元後79年に大爆発したヴェスヴィオス火山の火砕流と火山灰の高熱で焼失したのだろう．下の黒焦げになった家具はあるいは祭壇か．ポンペイからは明確なキリスト教的遺物は発掘されていないので，これは大変貴重なもの．紀元後79年の時点で，キリスト教徒が十字架をすでにシンボルとしていたことを物語っている．ただしこの十字架は，覆いによって隠されていた可能性が高いと推測されている．Bruin und Giegel, Welteroberer Paulus, 1959より．

あってはならない。そのキリストをとおして、世界は私に対して、私も世界に対して、十字架につけられてしまっているのである。まさに、割礼も無割礼も重要ではなく、むしろ新しく創造〔されることこそ〕が重要なのである。そしてこの基準を堅持するであろうすべての人たちの上に、そして神のイスラエルの上に、平安と憐れみが〔あるように〕。

（ガラテヤ人への手紙6章14―16節）

無残な姿をさらし続けるイエス・キリストとともに、十字架を担い続けていくこと。自らの力に頼り、自らの業績を頼みに生きる「強い」生き方ではなく、イエスとともに、そしてこの世の苦難を強いられている人たちとともに十字架を担い続ける「弱い」生き方のなかにこそ、本当の意味での「強さ」が、そして「救い」が、逆説的に存在する。「イエスの十字架」以外は誇らないと語るパウロは、苦難の多い道かもしれないが、そうした逆説的な生を選び取ろうではないか、とわれわれに訴えているのである。

「イエスの十字架」が逆説であるのと同様に、われわれ自身の生の歩みもまた、「弱さこそが強さ」「愚かさこそが賢さ」「躓きこそが救い」、そして「呪いこそが祝福」という逆説的な歩みなのである。パウロは手紙を通じて、われわれにそういう生の道を選び取り、そのように生きていくべきなのではないのか、と問うている。

そして、この「基準」に沿うかたちで生きるとき、そこに真の意味での「新しい創造」が可能となる。ここで「基準」と訳したギリシア語「カノーン」は、「規範」「正典」をも意味する言葉である。つまり、「十字架につけられたままのキリスト」から目を逸らさずに、「強さ」に対する警鐘を含んだ逆説的な「イエスの十字架」の福音を受け取っていくこと、それこそがパウロにとっての「正典」そのものなのだ、と言っても過言ではないであろう。

第4章　パウロの思想と現代

1　パウロの思想の影響

再発見者たち

第2章でふれたように、マルキオンは紀元後一四〇年頃に自らの「正典」を作成したが、そのマルキオンについて、二〇世紀最大の教会史家と呼ばれるドイツのA・フォン・ハルナックが記した次のような有名な言葉がある。「マルキオンに至るまで、パウロを解した者は一人もいなかった。しかし、そのマルキオンもまたパウロを誤解した」。この言葉は、パウロの信仰と思想を理解し継承することが、いかに難しいかを見事に言い表わしている。

実際、パウロの弟子たちが書いた第二パウロ書簡、第三パウロ書簡も、使徒教父文書も、さらには時代が少し下って、新約聖書外典とみなされている〈パウロ行伝〉(正式名は〈パウロとテクラの行伝〉。二〇〇年頃)も、パウロの信仰義認論はもとより、それと密接不可分の「十字架の逆説」も、十分に理解しているとは言いがたい。それは現代においてもまた同様で、パウロの思想をめぐる議論は今もなお尽きない。

しかし、キリスト教の歴史的な転換点においては、つねにパウロの思想の再発見がなされてきたことを忘れてはならない。言い換えれば、難解なパウロの思想の意味を読み解く再発見者が必要とされてきたのである。ここでは、その再発見者として、アウグスティヌス、マルティン・ルター、カール・バルトの三人に注目する。

アウグスティヌス

パウロの再発見者として最初に言及すべきは、ラテン教父の伝統のなかで最大の神学者・哲学者と称せられる、北アフリカのヒッポの司教アウレリウス・アウグスティヌス(三五四―四三〇)である。

アウグスティヌスのキリスト教への回心の体験については、その著作『告白』のなかで詳述されている。アウグスティヌスはパウロ書簡の研究から、それまで行為義認主義に陥りがちであった教会全体の流れに対して、神の「恩恵」を中心に置く神学を展開した。アウグスティヌスがパウロと同様に「罪」を「傲慢」と理解していることは、行為義認主義への批判にも通底していると言えるだろう。彼の『三位一体論』には、次のような一節がある。

魂は自分の力を愛し執着することによって、共通の普遍的なものから私秘的な部分へと滑り落ちる。この背反こそ、〈罪の端緒〉と呼ばれる傲慢にほかならない。すなわち魂は、もし被造物全体の主宰者たる神に聴従するなら最も善く司られたであろう。が、傲慢のゆえに、普遍的なものよりも何かある部分を欲求し……しかもそれを自分の法によって支配せんと企てたとき、結果的にはかえって部分的なものの気遣いへと追いやられる。かくして、魂はそのようなものを不正に欲求すればするほど、ますます小さくなるのだ。
(De Trinitate, XII, IX, 14)(谷隆一郎訳)

「自分の力」への執着からの解放、「被造物全体の主宰者たる神に聴従する」ことの重要性の指摘、「自分の法」によって支配しようと企てる傲慢への戒めは、律法を遵守すると言いながら、その実、「自分の力」「自分の法」による支配を企てる、行為義認主義を強く批判するものである。

アウグスティヌスは当初、神の恩恵を受容するか否かの決断は、人間に任せられていると考えた。つまり、「自由意志」を深く問い続けたわけだが、次第に「信仰」そのものもまた神からの贈り物であると捉えるようになった。そして、「神的な照明」によってわれわれのなかで成立する認識もまた、つねに生ける神自身の行為によるものなのだと捉えた。

〈ローマ人への手紙〉の4章でパウロは、行為によって律法を守る者は「当然の支払い」としての「報酬」を要求するが、「不信心で神なき者を義とする方を信じる者」は「律法の行為なしに」義とされる、という信仰義認論を説いた。すなわち、人間は「不信心で神なき者を義とする」神を信じることによって義とされる(正しいとされる)のであって、それは神による「恩恵」以外の何物でもなかった。したがって、もしも信仰を何らかの行為の一部であるかのように捉えるとしたら、そのとき人間は、究極的には神の「恩恵」ではなく、「自分の力」「自分の法」による

アウグスティヌス(354-430).北アフリカ・ヒッポの司教.パウロ書簡の研究から，神の恩恵を中心に置く神学を展開した．Hulton Archive/Getty Images.

支配を追求することになってしまうのである。

「信ずるために理解し、理解するために信ぜよ」（『説教』43・9）というアウグスティヌスの言葉は有名だが、それは後代の「知解を求める信仰」の伝統の先駆けとなった。その「理解」「知解」「認識」の根底には、つねに神の愛としての神の「恩恵」があった。神の恩恵が明示された出来事としてのキリストの「受肉」について、アウグスティヌスは『三位一体論』のなかでこう記している。

傲慢な人々には気に入らぬキリストの受肉ということのうちには、直視し思惟すべき多くのことが秘められている。その第一は、神が創造したものにおいて、キリストがいかなる位置を占めるかということを、人間に示したということである。……第二のことは、神の恩恵が、われわれにはそれに先行するいかなる功徳もないのに、人間キリストにおいて明らかに示されたということである。……第三のことは、人間が神に寄り縋（すが）ることを最も妨げているものたる傲慢が、神のあれほどの謙遜によって反駁され、癒されうるということである。……すなわち、不従順によって滅んだわれわれに従順の範型を与えるために、子なる神が父なる神に十字架の死に至るまで服従することにまさるものがあろうか。(De Trinitate, XIII, XVII, 22)(谷隆一郎訳)

ここでは、パウロが〈フィリピ人への手紙〉で引用した、いわゆる「キリスト讃歌」のなかのキリスト論に基づいた議論がなされている(2章6—11節)。パウロはそこで、キリストが受肉をして「人間キリスト」となったことを強調する。それは、アウグスティヌスも強調する「卑下のキリスト」という捉え方と同じである。しかし、アウグスティヌスはさらに一歩進んで、「神のあれほどの謙遜」と言うことによって、神自身の「謙遜・卑下」についてもまた語る。これは「逆説」をうちに含んだ発言として受け止めうるものであり、パウロの「十字架の逆説」への指向性を持つ考え方であるといえる。

アウグスティヌスの多岐にわたる神学的な展開は、その後の中世ヨーロッパの思想潮流に対して多大な影響を与え、彼は「西欧の父」と称せられた。そのアウグスティヌスの神学の根底には、パウロの思想の継承があったことは、とくに銘記されるべきであろう。また、彼の神学は、次項に述べる、アウグスティヌス修道会に所属していた若き日のマルティン・ルターの神学的営為に、大きな影響を与えた可能性があるという点でも極めて重要である。

マルティン・ルター

パウロの思想のさらなる再発見は、一六世紀のドイツの宗教改革者マルティン・ルター（一四八三―一五四六）によってもたらされた。ルターはカトリック教会の伝統に対して厳しく異を唱えたプロテスタントの祖であり、その批判は、カトリック教会会議が決定した正典をそのまま受け入れることを拒否するまでに及んだ（本書第2章1節を参照）。

ルターがそれほどまでに厳しい批判の姿勢をとったのは、カトリックの正典としての新約聖書のなかには、イエスのゆるしの福音に反する文書が含まれている、と彼が認識していたからである。さらには、「不信心で神なき者を義とする神」を信じることによって人は義とされるのだという、パウロの信仰義認論をまったく理解していない文書が存在する、と彼が判断したからであった。

ルターの神学を最も強く特徴づけているのは、パウロの「十字架の逆説」の深い継承であろう。「十字架の神学」(theologia crucis)は、パウロではなく、ルターによる造語である。ルターは言う。

われわれは信仰によって神の肉性の中に生きているが、神はその肉性と人間性においてわれわれを統治し、われわれをご自身と同じかたちにする。すなわち十字架につける。それは不幸でありながら高慢な神々を、本当の人間、すなわち、悲惨と罪における人間にするという仕方による。……この十字架は、われわれが倒錯した仕方で追い求めてきた神性を打ち砕き、われわれが倒錯した仕方で見捨ててしまっていた人間性と、蔑視されていた肉の弱さとを復権させる。(ワイマール版ルター全集 WA 5・128・36)

すべての可視的なものを捨て去り、すべての感覚的なものから引き離され、すべての慣れ親しんだものを失うことは、苛酷なことであり、狭い道である。確かにそれは、死と地獄におちることを意味する。……その時魂は……あたかも次のように言おうとしているかのようである。「わたしは再び無へ突き返され、何もわからなくなる。わたしは闇と暗黒の中へ踏み入り、何も見えない。わたしは信仰と希望と愛によってのみ生きてい

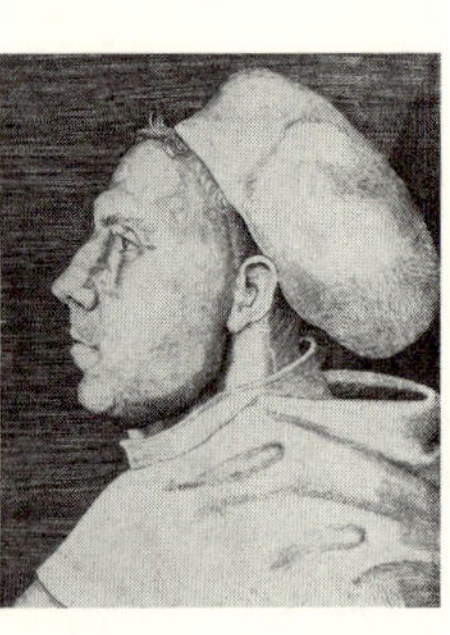

マルティン・ルター(1483–1546)．ドイツの宗教改革者．パウロの思想を深く継承し，独自の「十字架の神学」を唱えた．imagno/ Getty Images.

るが、弱さのために死ぬほどである。わたしが弱い時、わたしは強いのだ。」……それによっては十字架と死と地獄の苦難が言い表わされている……。十字架のみがわれわれの神学なのである(Crux sola est nostra theologia)。(WA 5・176・22. ともに竹原創一訳)

以上の発言は、ルターによる「隠された神」という概念、神の啓示は「逆の相のもとに」与えられるという捉え方へとつながっていく。

ルターが「十字架の神学」と言う際の「神学」とは、「神についての学問的な探究」というような意味ではなく、むしろ「神について語るということが成り立つところ」、すなわち「神が見出されるところ」という意味がある。ドイツのテュービンゲン大学神学部名誉教授でルター派の新約聖書学者エルンスト・ケーゼマンは、次のように指摘している。「人が『十字架のみがわれわれの神学なのだ』と言いうるのは、それによってキリスト教神学の中心的なテーマが、そしてまたある意味では唯一のテーマが言い表わされている時だけである。もしも十字架が一つの鎖の一部でしかないのだとしたら——たとえそれが鎖の最も重要な一部であったとしても——、この言葉は修辞上のものになる。……その場合には、十字架は復活と救いの諸事実の陰にとどまることになる」(佐竹明・梅本直人訳『パウロ神学の核心』ヨルダン社、一九八〇年)。

ルターの「十字架の神学」には、神の直接的な栄光と強さを示す、救済論的・贖罪論的解釈の入り込む余地はまったくない。ルターは「イエスの十字架」を、直接肯定的な「復活と救いの諸事実」との関連では決して語らない。これはパウロの「十字架」理解と完全に合致する理解である。ルターも右で引用しているパウロの、「わたしが弱いとき、そのときわたしは強いのである」(コリント人への第二の手紙12章10節)に象徴される「逆説」が、そこでは貫徹されている。ルターも稀に「贖罪」に関連した言葉を使うが、それらが「イエスの十字架」と結合したかたちで語られることは、パウロの場合と同様に、まったくない。

カール・バルト

「二〇世紀最大の神学者」と称されるスイス人カール・バルト（一八八六―一九六八）もまた、パウロから多くを学び、それまでの啓蒙主義的・自由主義的なキリスト教理解に対抗して、時代を切り開く新しい理解の光を投じた一人である。

バルトは、パウロの〈ローマ人への手紙〉に関する論考『ローマ書』（一九一九年）で神学界に登場した。彼の神学は、キルケゴール流の弁証法的な捉え方を採用しつつ展開されたために、当初、「弁証法神学」と称せられた。それはのちに「危機神学」「神の言の神学」などとも呼ばれ、「言における神の啓示」が強調された。しかし、バルトの「十字架の神学」のなかには、次に示すように、依然として「弁証法的」な捉え方が色濃く見て取れる。

> 死におけるイエス・キリストの存在は、十字架につけられた者・死んだ者・葬られた者・抹殺された者・過ぎ去った者・過去の者としての彼の、もはや存在しない存在（Nichtmehrsein）であった。しかし神がイエス・キリストを死から生命へと甦らせたという事実は、まさにそのような彼の死における存在に対向して、神が、恵みの行為として、

歩み入ることをされた、ということを意味している。……甦り給うた方は、十字架につけられた方・死に給うた方・そしてそのことの証明として葬られ給うた方と、別の方ではなかった。高く挙げられ給うた方は、卑下せしめられ給うた方と、別の方ではなかったのである。（井上良雄訳。ただし、前半部は筆者訳。KD〔＝『教会教義学』〕Ⅳ／1、『和解論』Ⅰ／2）

バルトは、イエスの「復活」を語る際、「神がイエスを甦らせたこと」と「イエスが復活したこと」とを厳密に区別し、そのうえで、「復活」は「神の自由な行為」によるものだ、と強調する。そして、その「神の自由な行為」の対象である「死における存在」としてのイエスを、バルトは苛酷にも、「十字架につけられた者・死んだ者・葬られた者・抹殺された者・過ぎ去った者・過去の者としての彼の、もはや存在しない存在」と捉える。バルトの考える「復活」とは、必然性のなかで生じた出来事ではなく、神が「もはや存在しない存在」としてのイエスをまさに肯定し、しかも神自身の自由な裁断によって生じさせた出来事なのである。

カール・バルト(1886–1968). スイスの神学者.「20世紀最大の神学者」と呼ばれる. Archive Photos/Getty Images.

このようなバルトの捉え方に対して、頑迷な教条主義者たちは激しく論難をあびせた。それでは三位一体論が成立しなくなる、イエスの死は絶望的な死と同然になってしまうではないか、というわけである。ここで、三位一体論とは、父なる神と、御子イエスと、聖霊とは、それぞれのペルソナ(人格)を持ちつつも一体である、というキリスト教に本質的な教義である。しかし、パウロの手紙をはじめとする新約聖書の諸文書には、その萌芽は見出せても、教義としてそれが明確に記述されているわけではない。明確な教義として成立するのは、やっと四世紀から五世紀にかけてのことである。しかも、その教義は、バルトが指摘するイエスの苛酷な現実とそれについての解釈を踏まえたうえで、徐々に成立していったものなのであった。したがって、そのような三位一体論をもとにして「イエスの十字架」を解釈するわけにはいかない。それではまったく逆立ちした議論になってしまうからである。

ところが、残念ながら、その逆立ちした議論が今日でもなお、キリスト教の世界では一般的なものとして通用している。それゆえに、パウロから発し、典型的にはアウグスティヌス、ルター、そしてバルトによって継承されてきた「十字架の神学」に注目することが重要なのであり、かつ今こそ必要とされていることなのである。

2 神の啓示をめぐって

パウロ、アウグスティヌス、ルター、そしてバルトに共通するのは、神の「啓示」を重要視し、それに基づいて彼らの信仰を成立させていることである。啓示を前提にするということは、世界のさまざまな宗教に共通して見られるが、しばしばそれは「外側からやって来るもの」としてのみ捉えられがちである。しかし、パウロの回心について考えるとき、「啓示を受けた」と語る者の外側だけでなく、内側との呼応関係にも注目する必要があることがわかる。

ユダヤ教徒時代のパウロは、旧約聖書の〈申命記〉に基づいて、十字架につけられたイエスを「神によって呪われた存在」として捉えていた。「キリスト教徒たちはなぜ、忌むべき人物であるイエスをメシアだと言うのか？」パウロの内側には、そのような疑問が渦巻いていたはずである。パウロにとっての「神の啓示」は、そうした彼の内側における疑問を引き金にしてもたらされたのではないか、と筆者には思われる。

パウロの疑問に対して「神」は、「十字架につけられたままのイエス」の「幻」をパウロの内側に現出させると同時に、その「十字架につけられたままのイエス」こそ義なる存在、つまり神によって肯定されている存在なのである、とのインスピレーションをパウロの外側から与えたのではないか。「神の啓示」を受けるとは、このような内側と外側との呼応関係に基づく体験をすることを指すのではないか、と筆者は考える。

パウロは「神は御子を私のうちにおいて啓示された」と語っているが、「神の啓示」について、別の箇所では次のように語っている。

> 預言をする者たちは、二人あるいは三人が語りなさい。そして他の者たちは〔預言の内容を〕吟味しなさい。しかし、もしも座っている他の者に啓示が与えられたなら、最初

の者は黙りなさい。なぜならば、あなたがたすべての者は、一人ずつ預言することができるのだからである。それは、すべての者が学び、そしてすべての者が励まされるためである。そして、預言をする者たちの霊は、預言をする者たち〔自身〕に従属する。神は無秩序の神ではなく、むしろ平和の神だからである。（コリント人への第一の手紙14章30—32節）

これは、礼拝のなかで披露される「啓示に基づく預言」によって生じた、コリント教会における混乱との関連でパウロが記した言葉である。パウロはここで、インスピレーションは預言者の自我に従属しており、「神の啓示」のなかには、啓示を受けたと思う者が内側に抱える思いや願望、疑問が密接不可分のかたちで入り込んでいる、という認識を示している。つまり、「神の啓示」は、それを受ける者の心理に従属している、と語っているのである。

パウロのこのような認識は、極めて合理的で、現代的ですらある。それは、問題の所在を知らない者には、その問題の解決の糸口すら与えられることはなく、むしろその問題について問う者に対して初めて、その解決の道は示される、という一般的な事情に類似している。

しかしそれ以上に、パウロのこの捉え方は、神の客観的な「外側」からの啓示に基づくとされる「宗教」でさえも、人間の「内側」の主観的な思いや願望、疑問と渾然一体となっているのだ、という認識を示している点で、「宗教」を相対化する契機を内に含んでいる。「神」を確信をもって信じるに際して、人は決して排他的な自己絶対化に陥ってはならないのだ、とパウロは警鐘を鳴らしているのである（一見排他的な自己絶対化としか思えない〈ガラテヤ人への手紙〉1章8節については、第2章の解説を参照されたい）。

3　イエスの贖罪をめぐって

イエスの叫び

今日のキリスト教会においては、贖罪（しょくざい）としてのイエスの十字架こそが決定的なのだ、それなくしてはキリスト教の独自性は失なわれてしまう、と考えられている。イエス・キリストはわれわれ人間の罪を一身に背負って死んでくださった、その大いなる自己犠牲の象徴が「イエスの十字架」である――。こうした贖罪論は、第3章でも述べたように、キリスト教の歴史を通じて連綿と受け継がれ、現在にまで至っている。

すでに述べたように、イエスが十字架上で流した血を「究極の代償」として理解する「イエスの贖罪」という捉え方は、ユダヤ教における伝統的な贖罪論の延長線上にある。イエスはわれわれ人間の罪を贖うために、自ら「生け贄」となって神の前に立ち、その犠牲的な「死」によって神に義とされたのだ、という捉え方である。ここで重要なのは、そうした「イエスの贖罪」という捉え方には、イエスは何もかもすべてを見通したうえで、自ら粛々と死の道に就いた、という理解が含まれていることである。

ほんとうにそうだったのだろうか？　イエスは十字架上で、神に対して明確な異議申し立てをしたのではなかったか。「エロイ、エロイ」という最後の絶叫は、「私はこれこそあなたの意志だと信じて語ってきました。それなのに、なぜこのように恐ろしい刑をあなたは私に科すのですか。あなたは私をお見捨てになったのですか」という、憤りをも含んだ悲痛な叫びであったのではないか。なぜ自分は殺されなくてはいけないのか。イエスには不可解でならなかったはずである。その答えを求めて、イエスは必死に叫んだ。しかし、神からの応答は一切なく、イエスは深い絶望と悲嘆のなかで息絶えるしかなかったのである。

十字架上のイエスの最後の絶叫は、これから起ころうとしている自らの運命をすべて知り尽くしている者の言葉ではない。予めすべてを知っていたのは、イエスではなく、福音書の記者たちである。福音書に記された受難予言、復活予言が、いずれも「事後予言」であることに疑いの余地はない。もしもイエスが何もかも予め知っていたのなら、イエスの生前の言葉はすべて、役者の台詞と同じものになってしまうからである。役者のことをギリシア語では **hypokrites** と言うが、これは英語の「偽善者」hypocrite の語源である。イエスを偽善者に仕立て上げてはならない。

イエスは自らの明確な意志と願望とを持った真の「人間」であった。その意志と希望を打ち砕かれ、悲嘆と絶望のなかで虚しく死んでいったのが、イエスという人間である。パウロの「十字架の逆説」は、そのような非業の死を遂げた一個の人間としてイエスを見よ、その最後の生き様と死に様から、目を逸らしてはならない、というメッセージでもある。そして、神は決して沈黙していたのではなく、むしろ、イエスの「復活」をとおして、悲惨で弱々しい「イエスの十字架」と悲痛な異議申し立てとを義とし肯定したのだ、と伝えているのである。

贖罪論の危うさ

ペトロやイエスの実弟ヤコブをはじめとするイエスの直弟子たちは、イエスのその「復活」を、パウロと同様に、神による肯定のしるしとして受け止めた。ところが、彼らの遭遇した「復活のキリスト」には、パウロが出会った「十字架につけられたままのキリスト」のような、悲惨で弱々しいイメージはまったくなかった。むしろそれは、尊い「贖罪死」を経て、光り輝く神々しい姿で甦った、「強さ」を象徴する復活者イエス・キリストであった。こうした「強い」イエス・キリストのイメージが、「十字架死」という否定的な出来事を肯定的な出来事に塗り替え、彼らの復活信仰を可能にしたのだと考えられる。

しかしドイツの教義学者ユルゲン・モルトマンは、こう述べている。「十字架につけられた方は、復活して栄光化された方へと変化してしまったわけではない。むしろ十字架につけられた方の復活は、十字架につけられたその方に、キリストとしての資格を賦与するのである」。このようにパウロの「十字架の逆説」にも通じる指摘をしたうえで、さらにこう続ける。「死に行くキリストをわれわれの罪のための贖罪の供え物と見なす見方は、復活の使信とのいかなる内的な神学的な連関をも示すことができない……」（喜田川信・土屋清・大橋秀夫訳『十字架につけられた神』新教出版社、一九七六年。一部筆者訳）。

モルトマンによれば、イエスの「贖罪」と「復活」とは、そもそも調和しがたいものなのである。では、論理的には成り立たないはずの「贖罪」と「復活」との結合が、なぜ原始エルサレム教会の使徒たちにおいては起こりえたのか。モルトマンも指摘するように、彼らヘブライスト（ユダヤ主義的キリスト者）が、「贖罪犠牲という表象」そのものと同様に、「徹頭徹尾、律法の枠内」にいたからである。それは、彼らがキリスト教信仰のなかにも「律法遵守」の姿勢を持ち込んだことからして明らかである。つまり彼らは、イエスの「贖罪」と、その「贖罪」ゆえに可能となる「復活」への信仰を抱いていたのである。

こうしたヘブライストたちの奉じたユダヤ主義的な教義は、三世紀半ばの〈ペトロの宣教集〉を最後に、この世から途絶えてすでに久しい。それにもかかわらず、もはやユダヤ主義的ではないはずの今日のキリスト教においてもなお、イエスの「贖罪」と「復活」が信仰の中心に置かれていることは、理にかなわないと言わざるをえない。むしろ危険でさえある、と筆者は考えている。ユダヤ教以来の贖罪論の危険性は、それがそもそも律法違反の「罪々」を贖うために必要とされた議論であったことに由来する。贖罪論の影響下にある人の意識の中心には、人間の行為の不完全さが贖われると言いながらも、なお自らの行為への囚われ、つまり「行為義認」の考え方がある。その結果、その人は「律法遵守」という自らの業績に依り頼む「強い」生き方をいつの間にか追求するようになってしまう。

宗教と暴力についての考察を専門とするフランス人の人類学者ルネ・ジラールは、キリスト教が迫害者的性格のものであり続けてきたのは、イエスの受難を贖罪のための供犠とみなしてきたことが原因であると指摘する。「迫害者的性格」とは、ユダヤ教徒時代のパウロのように、律法に忠実でない者は殺しても構わない、と考えるような人のあり方である。今日のキリスト教においては、かつてのユダヤ教の律法の位置に、贖罪論が置かれている。贖罪論は、人を迫害者へと変える危険性をはらんでいるのである。

それゆえに、ジラールはこう続ける。「そのような供犠を求める神は事実「死んでしまうことが必要」である。ただし、その神は福音書のイエスが告知した神ではない。彼の十字架上の死も、あらゆる種類の供犠に逆らった完全に非供犠的な死である。それを解明し、挫折と見えたイエスの刑死の中に隠された神の勝利を認めたのは、パウロ一人だった。こうして、イエスとパウロにおいては、〈神の暴力〉、すなわち供犠の要求が終結している」（小池健男訳『世の初めから隠されていること』法政大学出版局、二〇一五年）。

「犠牲」について

贖罪論の危うさはまた、「犠牲」という大きな問題をはらむ観念を呼び起こすことにある。日本人キリスト者のなかでは、内村鑑三が敢然と「十字架の贖罪」信仰を受け入れており、彼の信仰のなかにも、「犠牲」という観念が深く浸透していた。内村は、一九二三年一〇月、関東大震災の一カ月後に発表した文章で、次のように述べている。「地震以前の東京市民は著るしく堕落して居りました故に、今回の出来事が適当なる天罰として、彼等に由て感ぜらるゝのであります」「然るに此天災が臨みました。私共は其犠牲と成りし無辜幾万の為に泣きます。然れども彼等は国民全体の罪を償わん為に死んだのであります」（「天災と天罰及び天恵」）。

こうした主張は、日本では「天譴論」などと称され、その後も事あるごとに繰り返されてきた。二〇一一年の東日本大震災と福島第一原発事故の際にも、一部の政治家や仏教学者が同様の発言をして批判されたのは記憶に新しい。

　他方で内村は、自ら主筆となって創刊した雑誌『聖書之研究』（一九一一年一二月号）のなかでは、「イエスの死其物(そのもの)を代贖的に見るに至りしは或(ある)いはイエス御自身を以て始ったのではなくして、ユダヤ思想より全然脱出する能(あた)わざりし当時の信者の信仰に基いたのである乎(か)も知れない」と記している。さきに引用した文章の一二年前である。今日の新約聖書学から見ても鋭く的確なこの理解を、内村はなぜ保持できなかったのだろうか。

　内村はかつて日露戦争の時期に、非戦主義者の戦死をどう捉えるか、という問題に直面した。彼はその際、非戦主義者が戦場で死ぬことによって初めて、世界平和への道が開かれるのだ、という論理を立てた。主戦主義者の兵士が死んでも、そのような意味は持ちえない。自分たち非戦主義者、平和主義者がやむをえず戦場に赴いて倒れるという「犠牲」によって、戦争を繰り返してきた人類の罪が贖われるのだ、というのである。

　ここには「犠牲」の問題の難しさが露呈している。非業の死をどう受け止めればよいのか。われわれ人間は「死」に意味を見出さずにはいられない。内村はそのような、誰しもが抱く人間の感情について、逃げることなく向き合った。しかし、彼の思索の根底には、イエスの死に対する贖罪論的な解釈があった。非戦主義者の死を「カルバリー山（ゴルゴタ）に於ける十字架の処罰の一種」と表現していることは、その証拠である。

内村によれば、人間が神から離反した罪はあまりに重く、イエスがその罪を一身に背負って「犠牲」となり、十字架上で死ぬより他に、神から「ゆるし」を得る術（すべ）はなかったという。人間の罪はそれほどに重く深く、厳罰を受けることが「ゆるし」の前提であった、と内村は説く。内村は、イエスの「犠牲」に基づく贖罪論に囚われ、それからの解放を選ぶには至らなかった。こうした内村の「贖罪」の捉え方が、さきの天譴論につながっていったものと考えられる。

「犠牲」の問題について深く考察してきた哲学者の高橋哲哉は、こうした内村鑑三の捉え方を厳しく批判する。そして、いわゆる靖国問題に関連して、次のように語っている。「私はキリスト教や宗教における犠牲の観念は、どうしても死の美化・神聖化というニュアンスを帯びているように感じられるんです」「そうした犠牲を正当化する論理（つまり贖罪という考え方）がキリスト教にすら、あるいはキリスト教のど真ん中にすら残っていて、それによって歴史上のさまざまな非業の死が美化されたり、聖化されたり、讃えられたりするということが続いてきたし、現在でもまだそうなのではないか」(荒井献・本田哲郎・高橋哲哉『3・11以後とキリスト教』ぷねうま舎、二〇一三年)。

靖国問題に対して批判的に取り組むキリスト者は多いが、自分自身の「ど真ん中」にもヤスクニと同じ構造を持つ思考が潜んでいるかも知れない、と気づく人は少ない。

ルカの誤解

イエスの時代にも、不条理としか言いようのない災害や戦争、病苦の問題は数多くあった。人々は「それは罪のせいなのか?」と自らに問い、またイエスに対しても、そのような問いを投げかけた。イエスは問われるたびに、「そうではない」と答える。たとえば、〈ヨハネによる福音書〉によれば、「盲目で生まれたからには、誰が罪を犯したのですか。この人ですか。それともその両親ですか」と問われたイエスは、「この人が罪を犯したのでも、その両親でもなく、彼において神の業(わざ)が顕れるためである」と答えている(9章2―3節)。

このくだりの後には、盲人の目が癒されて見えるようになる場面が描かれているので、「神の業」がイエスの起こした奇跡ゆえに顕現したかのように語られることが多い。しかし、多くの盲人キリスト者たちが解釈するように、この物語は奇跡など起こらずに終わっても一向に構わない。イエスはここで、苦難と罪との間の因果関係をただ端的に否定しているのだからである。

また、〈ルカによる福音書〉でイエスは、総督ピラトによって惨殺されたガリラヤ人たちやシロアムの池の塔が倒れて死亡した人たちについて、彼らが死んだのは他の者たちよりも罪深かったからでは決してない、と明言している(13章2―5節)。ところが、〈ルカによる福音書〉では、その「そうではない」の直後に、「あなたたちも悔い改めなければ、皆同じように滅びるだろう」という文言が続く(3節、5節)。読者の方もきっと聞き覚えがあるのではないだろうか。現在も街角でしばしば聞こえてくる一節である。

ここで問題なのは、イエスが「決してそうではない」とはっきり否定しているにもかかわらず、この文言が続くことによって、「ただし、災難に遭った者たちは罪を悔い改めてはいなかった。だから滅んだのだ」という意味が付加されてしまうことである。しかし、さきの〈ヨハネによる福音書〉と同様に、イエスはここでもただ端的に罪との因果関係を否定しているのであって、そのような断罪的な言葉をイエスが語ったとは到底考えられない。

ルカの特徴についてはこれまでも述べてきたが、新約聖書の他の福音書と比べて、ルカはとくに「悔い改め」の必要性を強調する傾向がある。実際、〈ルカによる福音書〉では一五回、〈使徒行伝〉では一一回、「悔い改め」という単語が使われている。一方、〈マタイによる福音書〉では七回、〈マルコによる福音書〉では三回である。とくに、ルカが執筆の参考にしたと考えられている〈マルコによる福音書〉との差が際立っている。ルカがいかに「悔い改め」にこだわっていたかが浮き彫りになるだろう。

たとえば、イエスの有名な言葉、「丈夫な者らに医者はいらない。いるのは患者たちだ。私は義人どもを呼ぶためではなく、罪人を呼ぶために来たのだ」（マルコによる福音書2章17節）をルカは自分流に解釈して、「私は義人たちを呼ぶためではなく、罪人たちを呼んで悔い改めさせるために来ているのだ」（ルカによる福音書5章32節）と改変している。それゆえに、「あなたたちも悔い改めなければ、皆同じように滅びるだろう」という文言は、ルカによる意図的な創作であるとみなさざるをえない。

「悔い改め」それ自体が悪いわけではない。悪事をなせば、その罪を償い、悔い改める必要がある。しかし、「悔い改め」が、神の「ゆるし」の条件では決してない。第3章でも述べたように、パウロは〈ローマ人への手紙〉のなかで、神はイエスよりもはるかに先行して、太初の昔から万人に対して無条件の「ゆるし」を与えている、と述べている。残念ながらルカは、「悔い改め」をしなければ人は神の怒りを買い、災厄に遭うかのように誤解してしまっている。

聖書にこのような文言が記されていることは、実に不幸なことだと筆者は思う。東日本大震災の後にも、ルカのこの文言を引いて「あなたがたも悔い改めなければ、滅びるであろう」と被災地で説くようなキリスト者がいた。その説教の背景には、かつてのユダヤ主義的キリスト者たちと同様の、「贖罪」への肯定としての「復活」信仰が明確に存在している。

イエスの福音の中心

では、イエスがその福音の中心に置いていたこととは、いったい何であったか。それは、神による無条件の「ゆるし」の良き知らせと、「さいわいなるかな」の言葉で語られる逆説的な宣言である。

たとえば、イエスはこう語っている。「人の子らには、すべての罪も、〔神を〕冒瀆するもろもろの冒瀆も赦されるだろう」(マルコによる福音書3章28節)。「父は、悪人たちの上にも善人たちの上にも彼の太陽を上らせ、義なる者たちの上にも不義なる者たちの上にも雨を降らせてくださる」(マタイによる福音書5章45節)。これは、万人が等しく神の慈愛のなかに置かれ、無条件にゆるされて生かされている者である、とのメッセージである。そして、「さいわいだ、貧しいあなたがた、いま飢えているあなたがた、いま泣いているあなたがた、/さいわいだ、悲しんでいる者たち、/神の国はあなたたちのものなのだから」(ルカによる福音書6章20—21節/マタイによる福音書5章4節)という言葉は、同様のメッセージを逆説的に語っている。

こうしたメッセージをイエスは語った。しかし、これは、イエス以前の太初の昔から、地上のすべての者の上に成り立ってきた真実でもある。筆者はそれを「逆説的ないのちの法則」であると考えている。パウロはこの真実が、イエスをも含む万物に先立って成り立つものであることをよく認識していた。〈ローマ人への手紙〉のなかで、彼はこう語っている。

神についての目に見えないことがら、すなわち神の永遠の力と神性とは、世界の創造以

来、被造物において理解され得ることが認められている。(1章20節)

第3章でも述べたように、パウロは贖罪論を内容とする極めてユダヤ的な伝承を引用しつつも、そこに信仰義認論に基づく彼自身の修正の言葉を挿入している(ローマ人への手紙3章24—25節)。その伝承の部分だけを取り出して、あたかもパウロが積極的に「イエスの贖罪」について論じているかのように解釈する人も多いが、そのような誤解をしてはならない。パウロがそこで第一に論じているのは、律法を守らない不信心な者を無条件に義として肯定する「神」についてである。そのうえでパウロは、そのような「神」を信じ、さらにはその「神」を十全なかたちで明らかにし、神の「ゆるし」の福音を宣べ伝えたイエスを信じることによって、人は義とされるのだ、という彼独自の信仰義認論を展開しているのである。

パウロ自身もまた、たしかにイエスを「神の子」と信じていたが、神とイエスとの間に厳として存在する不可逆的な順序、つまり神がいるからこそイエスはいるのであって、決してその逆ではない、という順序を重視していた。イエスの直弟子たちとは違って、イエスの十字架による「贖罪」と、それゆえに起こされたイエスの「復活」という理解に偏った、贖罪論一辺倒の信仰をパウロが回避できたのは、そのためである。

　イエスの福音にせよ、パウロの信仰義認論にせよ、それらは過去の伝承や固定観念を突き破るものであったからこそ、現代に生きるわれわれに対しても訴える力を持っている。パウロの手紙は、イエスの福音がこの世にもたらされたにもかかわらず、われわれ自身の存在がいまだ極めて不完全な、そして誤謬と困難に満ちたものであることを語っている。そのことはまた、われわれ自身の聖書への理解のみならず、われわれが生きる社会も同様に、誤謬と困難に満ちたものであることを示唆している。パウロが命を賭けて伝えようとしたのは、人間の自己絶対化を厳しく否定し、神の前に謙虚に自らを見つめ直して、人間の「弱さ」に深く思いを向けるように、というメッセージである。ナザレのイエスにおいて自らを顕わした神は、自らの足りなさと弱さを知る者をこそ義として肯定する神であり、われわれの希望は唯一そこに存在する。パウロはそう信じているのである。

あとがき

岩波新書では、恩師荒井献先生による『イエスとその時代』(一九七四年)以降、畏友大貫隆氏による最近の、旧約聖書をも含む『聖書の読み方』(二〇一〇年)を除けば、新約聖書学関係の出版が久しくなかったので、ぜひ「パウロ」を加えたいのだが、との執筆依頼を受けたとき、私は喜んでそれを受諾させていただいた。キリスト教を世界宗教にする端緒を開いた使徒パウロの生涯と思想を、岩波新書において一般読者のために執筆するという稀有な機会を与えられたことは、大変光栄なことであり、望外の幸せでもあったからである。

ただ、本書執筆中の私の頭のなかでは、日頃の習性は恐ろしいもので、つねに研究者仲間の顔がちらついていて、そんな展開でいいのか、言うべきことはもっとたくさんあるはずだ、という声が聞こえていた。それゆえに、本書を読んでパウロに興味を抱いてくださった一般読者の皆さまには、私が以下に挙げる参考文献をぜひ参照していただき、パウロについての、そしてパウロの思想の再構成の作業についての、さらなる基本的な情報を入手してくださるように、と強く希望している。それはまた、私が本書で展開した議論を、それらの文献を参照することによって吟味していただきたい、という意味でもある。

佐竹明『使徒パウロ――伝道にかけた生涯〈新版〉』新教出版社、二〇〇八年
佐藤研『旅のパウロ――その経験と運命』岩波書店、二〇一二年
八木誠一『パウロ』清水書院、一九八〇年
大貫隆『イエスの時』岩波書店、二〇〇六年(とくに、第三部「パウロとイエス」)
荒井献『使徒行伝・上巻、中巻、下巻』新教出版社、一九七七/二〇一四/二〇一六年

もしも可能であれば、巻末の奥付に記した私の著作のなかの、書名に「十字架の神学」が含まれている三冊をも参照していただけたら幸いである。私が本書において展開した、パウロの回心の際に彼に顕現したのは「十字架につけられたままのキリスト」であった、とのテーゼに関しては、「十字架」を「杭殺柱」と言い表わしつつ同様のことを主張されている、

佐藤研、前掲書、三八頁以下をぜひ参照されたい。また、第3章で論じた「弱さ」を選び取って生きていくことの持つ現代的意義については、荒井献『「強さ」の時代に抗して』岩波書店、二〇〇五年、をぜひ参照していただきたい。本書で十分に論ずることができなかった「第二・第三パウロ書簡」については、辻学『偽名書簡の謎を解く――パウロなき後のキリスト教』新教出版社、二〇一三年、を参照されたい。

パウロの思想の現代的な意義について論じた第4章においては、現在のキリスト教の教義内容、とくに「贖罪論」に対する批判を展開したが、それは多くのキリスト者の読者には首肯できかねるものであることは想像に難くない。ただ、なぜ私がそこまで言わざるをえなかったのか、いくらかでも思いを巡らせていただけたら、幸甚の至りである。

本書の執筆を勧め、文字どおり同伴者として歩んでくださった岩波新書編集長の永沼浩一氏には、感謝の意を十分に言い表わせないほど心から感謝している。

私が所属している福岡市の平尾バプテスト教会の教会員の皆さんは、日頃の私の主張が教会にとって必ずしもつねに心地よいものではないにもかかわらず、祈りと励ましをもって執筆中の私をあたたかく支えてくださった。その寛容に対して心からの感謝の意を表わしたい。

すでに定年退職をして三年以上が経つ西南学院大学神学部に対する言い尽くせない感謝の思いをも記しておきたい。三五年間の教員生活において、とくに牧師を目指す学生諸君との真剣勝負とも言える講義やゼミをとおして、どれほど私自身が成長させられてきたか、計り知れないほどである。また同僚の先生方との交わりをとおしても、同様のことを体験させられてきた。今多くの「教え子」たちが、全国で牧師としての務めを立派に果たしてくれていることは、何にも代え難い大きな喜びである。

最後に、神学部における私の働きを支えてくださった全国の諸教会に連なる皆さま、また教派をこえて交わりを持つことをゆるされた全国の学校関係、諸教会の皆々さまに、そして末尾になってしまったが、日本新約学会における研究者仲間の一人ひとりに対して、ここに深い感謝の意を表わしたいと思う。衷心よりありがとうございました。

青野太潮

二〇一六年一一月一七日

青野太潮

1942年静岡県生まれ
国際基督教大学，東京大学大学院を経て，スイス・チューリッヒ大学神学部博士課程修了，神学博士号(Dr. theol.)取得
現在―西南学院大学名誉教授，平尾バプテスト教会協力牧師，日本新約学会元会長
専攻―新約聖書学，最初期キリスト教史
著書―『「十字架の神学」の成立』(ヨルダン社／新教出版社)，『「十字架の神学」の展開』『「十字架の神学」をめぐって』『最初期キリスト教思想の軌跡』(ともに新教出版社)，『パウロ書簡』『聖書を読む 新約篇』(ともに岩波書店)，『どう読むか，聖書』(朝日選書)，『「十字架につけられ給ひしままなるキリスト」』(コイノニア社／新教出版社)ほか

パウロ　十字架の使徒　　岩波新書(新赤版)1635

2016年12月20日　第1刷発行
2024年4月26日　第4刷発行

著　者　青野太潮(あおの たしお)

発行者　坂本政謙

発行所　株式会社 岩波書店
〒101-8002 東京都千代田区一ツ橋2-5-5
案内 03-5210-4000　営業部 03-5210-4111
https://www.iwanami.co.jp/

新書編集部 03-5210-4054
https://www.iwanami.co.jp/sin/

印刷・三陽社　カバー・半七印刷　製本・中永製本

ISBN 978-4-00-431635-0　　Printed in Japan

岩波新書新赤版一〇〇〇点に際して

ひとつの時代が終わったと言われて久しい。だが、その先にいかなる時代を展望するのか、私たちはその輪郭すら描きえていない。二〇世紀から持ち越した課題の多くは、未だ解決の緒を見つけることのできないままであり、二一世紀が新たに招きよせた問題も少なくない。グローバル資本主義の浸透、憎悪の連鎖、暴力の応酬――世界は混沌として深い不安の只中にある。

現代社会においては変化が常態となり、速さと新しさに絶対的な価値が与えられた。消費社会の深化と情報技術の革命は、種々の境界を無くし、人々の生活やコミュニケーションの様式を根底から変容させてきた。ライフスタイルは多様化し、一面では個人の生き方をそれぞれが選びとる時代が始まっている。同時に、新たな格差が生まれ、様々な次元での亀裂や分断が深まっている。社会や歴史に対する意識が揺らぎ、普遍的な理念に対する根本的な懐疑や、現実を変えることへの無力感がひそかに根を張りつつある。そして生きることに誰もが困難を覚える時代が到来している。

しかし、日常生活のそれぞれの場で、自由と民主主義を獲得し実践することを通じて、私たち自身がそうした閉塞を乗り超え、希望の時代の幕開けを告げてゆくことは不可能ではあるまい。そのために、いま求められていること――それは、個と個の間で開かれた対話を積み重ねながら、人間らしく生きることの条件について一人ひとりが粘り強く思考することではないか。その営みの糧となるものが、教養に外ならないと私たちは考える。歴史とは何か、よく生きるとはいかなることか、世界そして人間はどこへ向かうべきなのか――こうした根源的な問いとの格闘が、文化と知の厚みを作り出し、個人と社会を支える基盤としての教養となった。まさにそのような教養への道案内こそ、岩波新書が創刊以来、追求してきたことである。

岩波新書は、日中戦争下の一九三八年一一月に赤版として創刊された。創刊の辞は、道義の精神に則らない日本の行動を憂慮し、批判的精神と良心的行動の欠如を戒めつつ、現代人の現代的教養を刊行の目的とする、と謳っている。以後、青版、黄版、新赤版と装いを改めながら、合計二五〇〇点余りを世に問うてきた。そして、いままた新赤版が一〇〇〇点を迎えたのを機に、人間の理性と良心への信頼を再確認し、それに裏打ちされた文化を培っていく決意を込めて、新しい装丁のもとに再出発したいと思う。一冊一冊から吹き出す新風が一人でも多くの読者の許に届くこと、そして希望ある時代への想像力を豊かにかき立てることを切に願う。

（二〇〇六年四月）